学校课程变革新取向丛书　杨四耕 主编

审美性变革

学校课程的诗意境界

梁骀华◎主编

华东师范大学出版社

·上海·

图书在版编目（CIP）数据

审美性变革：学校课程的诗意境界／梁翀华主编
. —上海：华东师范大学出版社，2023
（学校课程变革新取向丛书）
ISBN 978－7－5760－3913－9

Ⅰ．①审… Ⅱ．①梁… Ⅲ．①课程改革—教学研究—
小学 Ⅳ．①G622.3

中国国家版本馆 CIP 数据核字（2023）第 117797 号

学校课程变革新取向丛书

审美性变革：学校课程的诗意境界

丛书主编　杨四耕
主　　编　梁翀华
责任编辑　刘　佳
项目编辑　林青荻
特约审读　陈成江
责任校对　樊　慧　时东明
装帧设计　卢晓红

出版发行　华东师范大学出版社
社　　址　上海市中山北路 3663 号　邮编 200062
网　　址　www.ecnupress.com.cn
电　　话　021－60821666　行政传真 021－62572105
客服电话　021－62865537　门市（邮购）电话 021－62869887
地　　址　上海市中山北路 3663 号华东师范大学校内先锋路口
网　　店　http://hdsdcbs.tmall.com

印 刷 者　上海商务联西印刷有限公司
开　　本　787 毫米×1092 毫米　1/16
印　　张　13.25
字　　数　120 千字
版　　次　2023 年 9 月第 1 版
印　　次　2023 年 9 月第 1 次
书　　号　ISBN 978－7－5760－3913－9
定　　价　42.00 元

出 版 人　王　焰

（如发现本版图书有印订质量问题，请寄回本社客服中心调换或电话 021－62865537 联系）

编委会

主　编　梁翀华

成　员　（按姓氏音序排序）

如何面对复杂的情境脉络和实践场景，是课程研究绕不开的话题。学校课程变革在理念上应具有深刻的文化性，在目标上应具有鲜明的育人性，在内容上应具有鲜活的生成性，在实施上应具有方式的多维性。课程探究需要整合的方法论视角，要合理地解释和说明学校课程变革，实证的因果分析和诠释的人文理解都是不可或缺的。回到课程实践现场，扎根课程变革场景，是课程研究的智慧。

第一，场景的实在性与研究的主位性。学校课程变革场景具有实在性，其实在性是在诸多课程实践因素及其相互关联中实现的。因此，作为课程研究最直接的现场，场景无需进行抽象的本体论还原，研究者便可以进入主位研究状态，便可以从参与者角度去探讨课程实践及其内蕴的理论。所谓主位研究状态，按照人类学家马文·哈里斯的观点，[①]就是以参与者的观念为基础，以课程实践者的描述和分析为标准，检验研究者的主位分析的恰当程度，主要是看研究者的专业意见在什么程度上能让实践者感觉有价值、能推动课程品质的提升。课程研究的目的不是从主位研究转换为客位研究，或是从客位研究转换为主位研究，而是实现这两种研究的互释。

第二，场景的整体性与研究的行动性。学校课程变革场景是特定行动所构成的具体情景，它从时空统一上整合了主体与客体、理论与经验、显性与隐性等要素，并通过它们的有序结构构筑了课程变革场景的整体意义。只有将课程研究放在具体实践场景之中考察，立足过程思维，秉持整体观照，才能凸显课程研究的实践立场。进入了课程所发生的场景，课程研究才有可能真正发生，才能够带来理论与实践共赢的整体效果。课程研究在本质上是一种反思性实践，是主动且持续地审视理论、信念和假设的过程，是对场景的整体性理解和行动性体认，其目的是理解实践、改进实践和提升实践。

第三，场景的情境性与研究的叙事性。学校课程变革场景具有鲜明的情境性，课程探究不能脱离具体的学校情境。为此，施瓦布曾提出旨在实现理论与实践融合的实践课程观，倡导课程开发与具体实践情境相联系。[②] 从研究方法角度来说，叙事研究是直面鲜活的课程变革的一种研究方式。通过叙事研究，课程研究能够摆脱概念体系

① （美）马文·哈里斯.文化唯物主义[M].张海洋，王曼萍，译.北京：华夏出版社，1989：37.

② 史学正，徐来群.施瓦布的课程理论述评[J].外国教育研究，2005(1)：68-70.

的束缚，从而走向更具活力、更具情境适应性的方法论领域。任何一项课程研究，如果不能进入特定的课程场景，都是无法揭示课程行动的真实含义的。

第四，场景的问题性与研究的对话性。课程是一个永远都不会完美的存在，这预示着场景是具有问题结构的存在。面对特定场景，课程研究是问题牵引的，是参与性的，是田野的。课程研究必须直面真实问题，既关涉理论，又关涉实践，二者在互动中实现融合。在特定场景中，理论与实践是双向融通的，具有对话属性。

第五，场景的特定性与研究的扎根性。课程探究总是处于具体场景之中的，总是由特定时空所确证的，场景的特定性展现了课程研究的扎根性需求。法国社会学家布迪厄指出：实践与理论的一个重要差别就是实践具有紧迫性，行动者需要"把身体置于一个能够引起与其相关联的感情和思想的总体处境之中，置于身体的一种感应状态之中"，迅速做出决策。[①] 在特定场景中，研究者以置身其中的姿态思考实践、言说实践、参与实践，洞察课程发生的情境与脉络，在课程现场中进行意见分享、经验概括和理论提炼。秉持扎根研究的态度就是要基于对课程实践的理解，建立适用于特定场景的意见或理论，并反哺课程实践本身。

总之，富有实践感的课程探究，在本体论层面，总是将课程研究主客体都视为在以行动事件或经验事实为核心的场景中互动关联的存在；在方法论层面，总是将现象的与意向的、情境的与规律的等说明与解释都整合到特定场景之中，融合各种方法论的优势解决课程实践问题。

"学校课程变革新取向丛书"彰显了这样一个道理：课程研究的重点是深刻理解特定情境和条件下的课程实践本身，而不是理论推导和逻辑演绎。课程研究并不神秘，我们每一个人都是局内人，每一所学校、每一位教师都是课程研究者和创造者。

杨四耕

2023 年 1 月 15 日于上海市教育科学研究院

---

① （法）皮埃尔·布迪厄.实践感[M].蒋梓骅，译.南京：译林出版社，2012：98.

目　录

第一章　宽语文：让生命以独特的方式绽放　　　　　　　1

　　温度与力量并行的"宽语文"，秉承宽容、宽博、宽雅、宽厚的课程理念，以"爱晚亭""力韵台""日新阁""若拙轩""岳麓书院"五大板块整体建构的学科课程群与诗意校园遥相呼应，滋养和润泽每一颗心灵。"宽语文"是开放而宽博的体验历程，是思维的碰撞生成，是心灵的回应共鸣，引领着孩子们探寻广博浩瀚的语文魅力，和一个个鲜活的生命一起体验情思中的皎皎明月、灿烂星辰……课程成为生命成长的旷野，恣意张扬语言与思维的风采，让每一个生命都以自己独特的方式绽放精彩。

第二章　慧数学：用数学的眼光理解世界　　　　　31

　　地球之变，日用之繁，无处不用数学。"慧数学"，是锻炼思维的数学，把培养孩子良好的思维品质放在首位，让孩子学会用数学的眼光理解世界；"慧数学"，是发展能力的数学，孩子有意识地解释客观事物所表现出的数学特征，从数学的角度解决问题，实现能力的超越与跃升。"慧数学"学科课程群设置的"慧计算""慧空间""慧数据""慧探究"四大部分，通过慧眼、慧思、慧语、慧行的学习过程，增强孩子学习的核心思考能力，培养良好的思维品质，致力于让儿童学会用数学的眼光理解世界。

第三章　活英语：在生动活泼的英语世界里漫步　　　55

活英语，"活"蕴含了我校英语教师团队对英语教学目标的最高理想，学生活用所学英语，讲述自己的生活，简单表达自己的看法。而英语的"活英语"，即 Vivid English，"V"即 Valid（有效的），"I"即 Imaginative（想象的），"V"即 Valuable（有价值的），"I"即 Improving（提升的），"D"即 Different（不同的），表明我们对英语教学内容和教学方式的选择，选择有效的教学方式，有价值的教学内容，从而促进学生想象力，使其获得长远提升，更具有自身独特性。"活英语"学科课程群主要包含"活交际、活阅读、活写作、活视听、活文化"五大板块，让每个学生体验活力的英语世界。

第四章 美音乐：赴一场唯美的音乐盛会

琴音绕耳畔，曼舞踏歌行；音韵迎朝霞，至美传真情。"美音乐"学科课程群创造性地设置了"悦·欣赏""跃·表演""乐·创造""粤·传承"四大板块，美妙的音乐轻轻撞击稚嫩的灵魂，沉浸感受乐音的冲突与和解，体验乐曲的虚实与变化，让孩子们从音乐初始入门的"赏"，至小有能力的"侃"，最终达到"创"，将这份对美的执着追求持之以恒地探索下去。孩子们在百步寻美中遇见、领悟、拥有敦厚美善的眼光，思考事情的角度，感知世界的能力。进而用音乐的角度感受生活，以乐为笔谱写生活的乐章，最终百步达美。

第五章 酷美术：在美术世界里天马行空

酷是一种审美意趣的追求。同一个圆，有的人看见的是发光的太阳，有的人看见的是微笑的脸庞，有的人看见的是震动的闹钟……秉承"酷美、酷新、酷趣"的课程理念，我们尊重每一个孩子天生的艺术家潜质，从"造型·表现""设计·应用""欣赏·评述""综合·探索"四大领域架构的"酷美术"学科课程群，致力于让每一个孩子视野更加开阔，与自我的沟通更加深入，不断增强其寻美、赏美之志趣，追溯内在的自我，在美术世界里天马行空。

第六章　融科学：带领儿童走进神奇的科学世界　　141

寻天地万物之融，析世界规律之道。志于道，据于德，依于仁，游于艺，构成"融科学"学科课程群的理念。"格物台""臻致轩""寰宇阁""创世堂"四大板块的设置，从落实"融智课堂"，打造"融趣课程"，举办"融探节日"，开启"融美之旅"，繁荣"融探社团"五方面共筑"融科学"的课程之美，融自然，融文化，融人生，带领孩子们走进神奇的科学世界。

第七章　炫体育：让生命在运动中闪闪发光　　169

炫，是丰富，是以丰富的体育课程充实学习历程；炫，是闪耀，是让突出的体育技能闪耀生命历程；炫，是灵动，是用灵动的课堂模式丰富学习体验；炫，是多维，用多维的评价模式助力儿童发展自己。通过"乐知识""巧技能""悦身心""强身体"四大板块整体架构的炫体育学科课程群，让儿童在跑、跳、投中感受身体的力量，在柔韧与韵律中体会身体的局限，在冲锋与配合中了解群体的重要，让儿童在丰富的课程体验中点亮自己,成为耀眼的发光体。

课程是诗意的存在

广州市黄埔区新港小学创办于 1978 年,现有淘美、骏德、翰飞三处教学楼。放眼校园,鲜花芬芳,绿影婆娑。鱼戏莲叶,蛙鸣阵阵。清晨那第一抹晨曦,勾勒着校园的诗情画意。古色古香的亭台楼阁,蜿蜒回转的校园长廊,如诗如画的小桥流水;孩子跃动的身影,银铃般的笑声,一处一景,如诗如歌。百草园、爱晚亭、岳麓书院、蒹葭剧院……点滴的细节处处彰显着日新教育的张力与生命力,闪耀着"辉光日新　至善至美"的思想之光。

旭日光辉下的新小学子,每日迎着朝阳,由百步梯拾级而上,便是一种洗礼,一种诗意;每一次进阶,都是一种跃升,一种开拓。在清新自然的诗意环境里,学校追求诗意课程的脚步从不停歇。由"旭日"之精神挖掘学校文化,由学校文化引领课程建设,课程更深更广地延伸到生命、生活、生长的范畴之中,秉承"让孩子经历一百个世界"的课程理念,学校所有特色课程均普及每一个孩子。[①] 坚持多年的书法、网球、高尔夫球、帆船等特色课程,受到多个主流媒体的深度采访。在新港小学,每一位成员都有着自在的空间,各得其所,共同经历着诗意的成长。走在芳香四溢的小路里,向日新更新处追寻。新港小学的课程改革,同样是诗意满满。

有学者认为,美学取向的课程探究是关注生命意义的课程,走向实践场域的课程,是诗与思对话的课程。[②] 课程的审美性变革是一种课程旨趣和价值追求,也是一种课程探究方法。我们认为,美学取向的学科课程群建设,是在真实的课程场景中审视和思考课程问题,更强调人文性、整全性、生成性、具身性、扎根性。我们认为,经历审美性变革的课程,诗意绝不囿于四方校园,课程是诗意的存在,链接宽广世界,通往内心世界,让每个人"诗意地栖居"。

跨国界、跨地域的交流学习不断提升着教师们的课程能力和教育境界。近年来,

[①] 温丽珍.学校课程文化的实践脉络——百步梯课程的逻辑与架构[M].上海:华东师范大学出版社,2019.
[②] 何茜.美学取向课程探究[D].重庆:西南大学,2014.

学校各方面也取得了斐然的成绩,得到社会和家长的高度认可,多位老师承担广州电视课堂录播,荣获全国录像赛课一、二等奖,部级、省级、市级、区级优课等奖项,学校成为教育部表彰的 2021 年全国优秀足球特色学校七所小学之一,先后被评为全国体育联盟实验学校、全国红领巾集邮文化体验行动示范学校、广东省足球推广学校、广州市德育示范学校、广州市优秀家长学校等。

一、学科课程哲学:课程探究的人文性

人是课程美学探究的核心目的,课程美学的价值目标是审美与塑造完整人格。① 在新港小学,学科课程群的建设立足于广阔的时代生活背景,以学科为轴心,不断延伸与深化其内涵与外延,逐步扩展学科的辐射面。让孩子站在正中央,力求构建人文关怀的课堂文化,创设富有张力的生命场。课程更深更广地延伸到生命、生活、生长的范畴之中,致力于实现每一个孩子的个性发展,体现的是对教育本真的追求。课程实施者将想象、惊奇、创造的智慧融入对课程的理解中,让课程得以诗性实施;引导学生运用多种方式去认识世界,提升自我的审美知觉,积累丰富的美感体验,让每一个生命都以自己独特的方式绽放精彩。

美学取向的学科课程群扎根于心灵沃土,带着生命的温度,带着灵魂的馨香,带着人性的真善美。基于全面审视学校课程价值、深刻理解课程使命之上所确立课程哲学,人文性是其本质特征。由此,学校学科课程群的建设,始终把儿童的需求作为课程变革的出发点和落脚点,立足于个体的独特性,尊重并善待差异,促进儿童不同潜能的开发,最终以自己独特的方式绽放精彩。以"宽语文"课程群为例,宽容、宽博、宽雅、宽厚的课程理念,致力于以具有开阔的视野、开放的心态、创新的思维的语文教育,滋养和润泽每一颗心灵。"宽"为核心课程理念引领下的"宽语文"课堂,是开放而宽博的体验历程,是双向的互动交往,思维的碰撞生成,观点的交集争锋,心灵的回应共鸣,引领着孩子们探寻广博浩瀚的语文之魅力,碰撞师生思维之火花,用心灵去熨帖文字的情感,和一个个鲜活的生命一起挖掘情思中的皎皎明月、灿烂星辰……课程由此成为师生生命成长的旷野,恣意张扬语言与思维的风采,收获自由、自尊、真诚、宽容。

---

① 王磊.课程美学探究[D].长春:东北师范大学,2014.

二、学科课程目标：课程指向的整全性

美好的课程理念需要依托具体的课程目标才能最终落地。美学取向课程目标的制定，注重目标的人文性，以体现课程的人文价值；注重目标的全面性，以促进人的整体发展；注重目标的多维性，以满足个体发展的差异；注重目标的生成性，以保证发展的可持续性。

整全性课程指向，是基于生命的，基于生活的，基于生长的。整全教育以联结、整体性和存在三个基本概念和原则为思想基础，反映在数学教学上，就是将目光聚焦于发展个体的"整合能力"，即独立、交流、联结、从学而教。因此，我们的"慧数学"关注每一个人在数学上的发展，也关注每一个人的核心素养的发展，力求寻找一个符合的突破口，使之成为常态方式操作的课堂教学理念、策略，形成基本范式与核心理解。

"慧数学"以课程目标的达成和核心素养的落实为出发点，围绕"学用交融"的学科理念，整合计算、空间、数据、探究等内容，发展学生的慧眼、慧思、慧语、慧行，用数学的视野塑造人的发展，整全"学生的核心素养"，从学而教，始终坚持学科立场和坚持学科逻辑，展开以整合学生思维结构为重点的教学实践。

我们归纳了"慧数学"的整全性课程基本思路，提炼了整全性课程的基本策略，构建了以整全性课程教学为主要特点的课程教学实施路径，积累了丰富的单元整体教学课例。实践表明，基于"慧数学"的整全性课程教学有助于培养学生的动手计算能力、空间思维能力、数据收集整理分析能力和合作探究能力，从而实现"慧计算""慧空间""慧数据""慧探究"。

三、学科课程框架：课程建构的生成性

生成性课程是相对于传统的预设性课程而言的，是在教师、学生、文本和情境等多种因素的互动中所建构生成的一种非预期的、超越于原有预设性课程的，但富有教育价值的经验体系。生成性课程其实质是一种彰显课程的生成品质、关注师生的生命意义、充满对话交往精神的课程形态。生成性课程以师生的发展和需求为根本出发点，

以对话和交往为手段,彰显出课程的生成品质。① 生成性课程是我们课程建设的重点。以往更多关注预设的知识型生成性教学,而忽略了非知识型的生成教学,同时对于超出课程原有预设的生成性内容也容易被忽略。在构建课程过程中,我们将生成性教学具体化,更加强调学生的主动性、个性化学习,关注学生对于知识的自我构建,也强调教师在课堂上关注生命、关注发展,创设问题情境,激发学生想象和思考,在问题冲突下,学生思考解决问题,从而提高学生的思维水平。

因此,我们所建设的"活英语"课程群,将展开大单元整体教学设计,依托情境教学和任务型教学,创设真实的语境,促进学生积极运用英语解决实际问题,增强英语课程的真实性和实践性。教育部张卓玉曾说过:"落实新课程标准,很难也很复杂,这个话题也很大,核心是关注大观念、大任务、真实性、实践性这四个核心概念。"其中大观念是指知识背后的结构、联系和规律,追求知识能力的应用和迁移。大任务就是促进了大单元教学的产生,将知识整合在一件事、一个问题或一个任务中。真实性增加学习内容的情境化、生活化和问题化,实践性则是让学生动起来,通过实践活动,提高创造、观察、实验、设计、策划、制作、阅读等能力。

"活英语"课程群围绕核心素养和课程目标,基于课程内容和我校自身的特点提出了自己的课程框架,包含活交际、活阅读、活写作、活视听和活文化五大板块。发挥课堂主阵地,围绕"活"的理念,加强大单元整体教学设计能力,将知识和情境、生活、问题、任务紧密联系,鼓励学生学以致用,构建自我的英语体系,用英语表我意,用英语做任务,用英语讲生活,用英语说中国故事。

四、学科课程实施:课程参与的具身性

美学取向的课程实施的策略主张注重课程目标的意向性,为学生的终身发展做出规划。具身观点认为,我们的身体与世界的交流互动是具有情感的。课程参与的具身性强调要关注学生在活动中的感受,注重学习的体验和周围世界的交流互动。② 把具身理论运用在课程实施中,能够有效地促进教师的课程实施,同时又能调动学生的主

① 赵文平.生成性课程:一种基于生成性思维的课程形态[J].全球教育展望,2007(12):18-24.
② 何茜.美学取向课程探究[D].重庆:西南大学,2014.

观能动性。如何从课程目标和课堂教学上调整现有的输入型教学模式，实现课堂形态的转型，是美学课程的运动方向，技法训练、理论知识的渗透更需从学生自身发掘与领悟能力的基础上完善，舍同质化，保留学生原始的感悟力与表达热情是关键。在学科课程群建设中，我们以完整的课程体系赋予学生文化选择的权利；而在课程实施的过程中，则充分开发教师的诗意智慧，促进课程实施的审美化。

课程是孩子们的根基，课程的实施落地皆以学生成长需求为方向，创设真实而富有意义的课程情境。"美音乐"的课堂实践从听觉出发，以扎实的音乐课程，引导学生有目的地聆听，利用乐器音色、歌谣、专门的音高训练等为素材，提高学生对音高、节拍、速度、音色等的敏感程度，学生全程参与"听——唱——创"，最终从音乐专业的角度创造属于自己的音乐。"至美社团"的参与亦是如此。孩子们在悦·欣赏、跃·表演、乐·创造、粤·传承的过程中，悦于欣赏、跃于表演、乐于创造、传承本土音乐文化，从聆听开始，学会欣赏，踊跃表演，提升专业创造水平，传承本土"粤"音乐文化，真真切切参与到课程中。"酷美术"主要运用情境激趣和体验参与两种教学策略，以开发教学道具、开拓现场课堂、建设校本课程三种路径开展更多样的美育模式，以树到枝再到叶的培养形式丰富"酷美术"课程内涵。结合学校实际，"酷美术"从"酷课堂""酷作坊""酷美节""酷旅行""酷赛事""酷美展"六个方面设计课程的实施与评价，践行"酷美、酷新、酷趣"的课程理念，让孩子们在美术世界里天马行空。

五、学科课程评价：课程反思的场景性

美学取向的课程评价，是以宽容、鉴赏的态度对学生进行评价，将评价看成是一种描述、解释和欣赏，旨在促进学生整体和谐发展。[①] 课程反思的场景性强调课程在真实教育情境下，师生共同建构生命意义的过程，在这个过程中，学生的身体、心灵、情感等都发生了巨大的变化，这些变化是无法简单用数字来表现的，在学科课程评价构建中，课程目标是课程评价的核心，在课程评价建构中起到主导作用，因此，从三维课程目标体系反思学科课程评价的场景性更能够深刻判断课程的价值。

社会观察学习理论提出：课程的场景性与学生的观察学习存在显著的影响，学生

---

① 何茜.美学取向课程探究[D].重庆：西南大学，2014.

的场景性学习在知识与技能、过程与方法、情感态度与价值观的三维目标体系中有着重要联系。① 知识与技能方面，场景性的知识更能体现学与思的结合，过程与方法方面，学生场景性掌握的方法应用性和迁移性更广，情感态度与价值观方面，学生通过场景性的体验获得的价值体验、情感升华以及态度形成更深。在社会观察学习理论与场景性反思的讨论中，我们强调课程评价围绕"三维课程目标体系"建立多维度的评价体系，对学生的知识与技能的掌握，过程与方法的应用，情感态度与价值观的变化，作出全面与正确的课程价值判断，从而不断地完善学科课程的建设。

以"炫体育"课程为例，秉承以学生发展为本，以培养学生终身体育为最终目的，将一般体育项目与我校体育特色项目相融合，构建"炫课堂""炫课程""炫社团""炫活动""炫节日"不同类型体育活动模式，并根据各种体育活动场景建立相应的教师的教学方法、教学的方式、教学的情境设计，学生的运动参与、学习兴趣、锻炼习惯等多样化评价标准构建多维度的评价方式，使学生、教师、学校和课程的发展过程成为评价的组成部分，用多维度的评价模式助力我校师生在体育锻炼加强运动参与、提升运动技能、优化身体健康和增强心理健康，同时给予孩子自信和勇气，成为茫茫人海中的发光体。

六、学科课程管理：课程保障的扎根性

课程管理直接决定着课程的实施效果。根深方能叶茂。课程管理是课程审美性变革、建设诗意课程群的重要保障。学校课程管理将课程、评价、管理、师生发展融为一体，既有自上而下的整体规划，也有自下而上的实践创新。以增强课程领导力、提升研修深度、拓宽课程资源为课程管理的三个主要着力点，健全以多方联动为特征的课程制度，实现课程保障的扎根性。

其一，课程管理的核心与灵魂是课程文化。以"融科学"为例，课程领导力的提高在于领导主体的多元化，决策过程的民主化，教学方式的多样化，教学内容与时间安排的最优化……结合情境，精确落实"双减"要求，通权达变，以价值引领深化课程实施与变革，课程实施者对"融"为核心的课程文化实现高度认同，达成心灵契约，形成教

---

① 安博.布尔迪厄文艺社会学思想研究[D].西安：陕西师范大学,2019.

育责任，"融"科学之力，让学生在科学探究的道路上茁壮成长，进一步保障课程建设的顶层性与落地性的统一。

其二，聚焦"融"的核心提升研修深度。科学教师团队在对"融科学"课程的共同创造与开发中，通过主题研讨、科组教研、专家指导等系列研讨活动，形成系统的校本研修活动，涵盖课程建设、课程资源、课程实施等多方面，实现资源共享与积累。最终汇成"课程管理"的根，生出"融科学"的枝叶。

其三，拓宽课程资源。"融科学"的课堂是开放而自由的知识殿堂，扩展课程的空间，创新课程的载体，实施主题整合，最终使空间学习化，活动立体化。基于"融合与创新"的课程理念，我们设计了独具特色的拓展课程和精彩纷呈的社团活动，涵盖物质科学、生命科学、地球与宇宙以及技术工程等四大领域，打破传统课堂时间与空间的限制，挖掘每名孩子的学习潜力，关注每一个孩子实现智、趣、美的全面发展。

总之，课程是生命体验的过程，是意义生成的过程，是诗意的存在。

"百步之梯"的更坚实，登梯所窥世界的更真实有趣，是我们面临的重要课题，也是我们回应区域教育改革诉求的一个重要侧面。随着课程建设的逐步深化，学校聚焦学科素养进行了深入的思考与追问，在"百步梯课程"的基础上提出并架构了"宽语文""慧数学""活英语""融科学""美音乐""酷美术""炫体育"七个学科课程群，提炼学科课程哲学，梳理课程目标与框架，致力于更充分地整合自然、生活等多方资源，创设富有张力的学科生命场，让每一个生命都以自己独特的方式绽放精彩。

在这里，再次向所有参与课程开发和实施的老师致敬。无论是统整式课程群，还是焦点式课程群，学校各学科课程群的建设都离不开上海市教育科学研究院杨四耕教授的专业引领和细致指导，离不开新港小学所有课程实施者的辛勤付出。未来，我们仍将"百步不止"，在"日新教育"的文化浸润中逐日行远。

第一章

宽语文：让生命以独特的方式绽放

温度与力量并行的"宽语文"，秉承宽容、宽博、宽雅、宽厚的课程理念，以"爱晚亭""力韵台""日新阁""若拙轩""岳麓书院"五大板块整体建构的学科课程群与诗意校园遥相呼应，滋养和润泽每一颗心灵。"宽语文"是开放而宽博的体验历程，是思维的碰撞生成，是心灵的回应共鸣，引领着孩子们探寻广博浩瀚的语文魅力，和一个个鲜活的生命一起体验情思中的皎皎明月、灿烂星辰……课程成为生命成长的旷野，恣意张扬语言与思维的风采，让每一个生命都以自己独特的方式绽放精彩。

目前,我们学校语文团队拥有 48 位优秀的教师,其中副高职称 7 人,省级骨干教师 1 名,市级骨干教师 3 名,十几位市优秀教师和名班主任,多位区优秀教师及区优秀班主任。来自世界各地教育理念与教育方法的交流和碰撞,不断开阔着教师们的教育视野。近年来,多位老师承担广州电视课堂录制,荣获全国录像赛课一、二等奖,部级、省级、市级、区级优课等。我们依据《义务教育语文课程标准(2022 年版)》,推进语文学科课程群建设,取得了满意的效果。

第一节　富有生命张力的语文

　　作为基础教育中重要的一门课程,日新月异的时代要求生机勃勃、开放创新的语文课程:贴近儿童的真实世界、引起儿童真实的多元的感受和理解,感受丰富的人文内涵,自然地接受并传承良好的道德风尚。对语文学科的哲学认识体现了我校语文教育的价值观。

一、学科价值观

　　《义务教育语文课程标准(2022年版)》指出:"语文课程是一门学习国家通用语言文字运用的综合性、实践性课程。工具性和人文性的统一,是语文课程的基本特点。"[①]基于这种认识,我们认为,语文课程应以语文课堂为轴心,向孩子们课内外、校内外的生活全面渗透。语文教学不仅限于语言文字、文化的教学,还包括世界观以及思维力、鉴赏力等综合素养的教学和训练,语文教学应当同社会教育与生命教育结合起来。

　　依托于语文课程的建设,将语文核心素养和生命体验以语文课堂为载体、以鉴赏与创作为载体、以吸收和表达为载体浸润孩子的心灵。遵循语文学科发展的客观规律,合理使用部编版教材,结合我校师生的教学特点,语文教学将更充分地整合自然、生活和阅读资源,丰实课堂内容,放大课堂空间和容量,构建宽广的语文学习文化环境,让具有宽度的语文课程,不断刺激老师和孩子的思考力和创造力,促进生命生长的勃勃生机。

二、学科课程理念

　　我们目前的语文课,常常止步于课堂;对于语文的体验,常常停滞于老师的语言之中;孩子对于语文的追求,常常停止于对分数的追求。尽管我们孩子努力阅读大量的

---

① 中华人民共和国教育部.义务教育语文课程标准(2022年版)[S].北京:北京师范大学出版社,2022:2.

书籍,背诵许多的经典美文,却始终未真正深入领略语文的更美好之境。

语文教育,作为文化的一种传承,应当有温度,也有力量。立足于广阔的时代生活背景,根植人文性与工具性有机统一的沃土,我们提出了"宽语文",致力于打造具有开阔的视野、开放的心态、创新的思维的语文教育,用生命的活力催生语文的张力,全面落实语文素养教育,发挥其为孩子终身奠基的功能。

"宽语文"是宽容的语文。宽容的氛围中滋养和润泽着每一颗心灵。宽语文,是双向的互动交往,思维的碰撞生成,观点的交集争锋,心灵的回应共鸣。课程成为师生生命成长的旷野,让每一个孩子都收获一颗颗自由、自尊、真诚、宽容的果实。

"宽语文"是宽博的语文。语文是炫目的先秦繁星,是皎洁的汉宫秋月;是侃侃而谈的气魄,是静心聆听的智慧……宽语文,调动的是孩子们多方的积累与多元的视角,点燃思维火花,链接家庭、社会、自然……实现与作者、文本、生命、世界的多维对话。

"宽语文"是宽雅的语文。行修言道,礼之质也。中华文化的博大精深,抑扬顿挫之间散发着汉语的独特魅力。用心灵拥抱语言,品味语言的精妙,咀嚼语言的韵味,感受语言的内涵,在生花妙笔中、在侃侃而谈里,张扬语言与思维的风采。

"宽语文"是宽厚的语文。生命的涌动和灵魂的升华,是语文水平的提升和核心素养的落实。扎根心灵沃土的宽语文,带着生命的温度,带着灵魂的馨香,带着人性的真善美,让生命灵动起来,感受生活之美好,传承文化之仁厚。

基于此,"宽语文"将致力于创设一个丰富多彩、富有张力的语文生命场,不仅仅容得下广博的知识,还要容得下知识的拓展与视野的开阔;容得下灵动的学法,还要容得下学法的迁移与趣味盎然的体验,滋养和润泽每一颗心灵,让每一个生命都以自己独特的方式绽放精彩。

第二节　用宽厚的心灵拥抱语文

《义务教育语文课程标准(2022年版)》指出:"语文课程致力于全体学生核心素养的形成与发展,为学生学好其他课程打下基础;为学生形成正确的世界观、人生观、价值观,形成良好个性和健全人格打下基础;为培养学生求真创新的精神、实践能力和合作交流能力,促进德智体美劳全面发展及学生的终身发展打下基础。语文课程在推广普及国家通用语言文字、增强凝聚力、铸牢中华民族共同体意识,建立文化自信、培育时代新人,实现中华民族伟大复兴等方面具有不可替代的优势。"①

基于对语文课程的认识,我校"宽语文"课程体系立足学生核心素养发展,充分发挥课程育人功能,力求为孩子营造宽容的氛围,开阔宽博的视野,让孩子感受到宽雅的语言之美,用宽厚的心灵拥抱语文,丰富儿童的精神世界,我们从"识字写字、阅读、写作、口语交际、综合性学习"五大方面加强课程内容整合,注重课程的阶段性与发展性,结合实际情况制定课程目标。

一、学科课程总体目标

根据《义务教育语文课程标准(2022年版)》的要求,学校语文学科课程的总目标是:在语文学习过程中,培养爱国主义、集体主义、社会主义思想道德,逐步形成正确的世界观、人生观、价值观。热爱国家通用语言文字,感受语言文字及作品的独特价值,认识中华文化的丰厚博大,汲取智慧,弘扬社会主义先进文化、革命文化、中华优秀传统文化,建立文化自信。关心社会文化生活,积极参与和组织校园、社区等文化活动,发展交流、合作、探究等实践能力,增强社会责任意识。感受多样文化,吸收人类优秀文化的精华。认识和书写常用汉字,学会汉语拼音,能说普通话。主动积累、梳理基本的语言材料和语言经验,逐步形成良好的语感,初步领悟语言文字运用规律。学会使用常用的语文工具书,运用多种媒介学习语文,初步掌握基本的语文学习方法,养成良好的学习习惯。学会运用多种阅读方法,具有独立阅读能力。能阅读日常的书报杂志,初步鉴赏文学作品,能借助工具书阅读浅易文言文。学会倾听与表达,初步学会用口头语言文明地进行人际沟通和社会交往。能根据需要,用书面语言具体明确、文从字顺地表达自己的见闻、体验和想法。积极观察、感知生活,发展联想和想象,激发创造潜能,丰富语言经验,培养语言直觉,提高语言表现力和创造力,提高形象思维能力。

① 中华人民共和国教育部.义务教育语文课程标准(2022年版)[S].北京:北京师范大学出版社,2022:2.

乐于探索,勤于思考,初步掌握比较、分析、概括、推理等思维方法,辩证地思考问题,有理有据、负责任地表达自己的观点,养成实事求是、崇尚真知的态度。感受语言文字的美,感悟作品的思想内涵和艺术价值,能结合自己的经验,理解、欣赏和初步评价语言文字作品,丰富自己的情感体验和精神世界。能借助不同媒介表达自己的见闻和感受,学习发现美、表现美和创造美,形成健康的审美情趣。①

孩子们不仅要"读万卷书",而且要"行万里路"。语文课程所培养的核心素养,是学生在积极的语文实践活动中积累、建构,并在真实语言运用情境中表现出来,是文化自信和语言运用、思维能力、审美创造的综合体现②。通过学习观察、思考、表达和创造的方法,主动进行探究性学习,激发想象力和创造潜能,在实践中学习和运用语文,能具体明确、文从字顺地表达自己的见闻、体验和想法。具有日常口语交际的基本能力,学会倾听、表达与交流,初步学会运用口头语言文明地进行人际沟通和社会交往。能根据需要运用常见的表达方式写作,发展书面语言运用能力。初步具备搜集和处理信息的能力,学会使用常用的语文工具书,积极尝试借助新技术和多媒体开展跨领域学习。

核心素养的四个方面是一个整体。语言发展的过程也是思维发展的过程,同样是文化积淀与发展的过程。学生在语言学习过程中,学习科学的思想方法,逐步养成实事求是、崇尚真知的科学态度,培养爱国主义、集体主义、社会主义思想道德和健康的审美情趣,发展个性,培养创新精神和合作精神,逐步形成积极的人生态度和正确的世界观、价值观。

二、学科课程年级目标

根据课程标准的要求,参照语文教材、教参等资料,结合我校语文学科课程总目标和 1-6 年级的学情,我们设计语文课程年级目标。这里,以三年级为例来说明(见表 1-1)。

---

① 中华人民共和国教育部.义务教育语文课程标准(2022 年版)[S].北京:北京师范大学出版社,2022:2.
② 中华人民共和国教育部.义务教育语文课程标准(2022 年版)[S].北京:北京师范大学出版社,2022:2.

表 1-1 "宽语文"课程目标表

三年级上	第一单元	1. 认识 28 个生字,会写 26 个生字,正确读写"服装、鲜艳、打扮、安静、荒野、碰触、灰雀、诚实"等重点词语。 2. 理解课文内容,体会作者表达的思想感情。 3. 感受大自然的美好,激发对大自然的热爱之情。 4. 适应中年级的语文学习,走进生活,去感受生活的丰富多彩。
	第二单元	1. 认识 37 个生字,会写 39 个生字,正确读写"水泥、亮晶晶、图案、排列、规则、迟到、颜料、丰收"等词语。 2. 正确、流利、有感情地朗读课文。背诵《古诗三首》《秋天的雨》第 2 自然段。默写《山行》。 3. 读懂课文内容,了解秋季景色的美好。 4. 初步体会课文中一些描写景色的句子的作用,从中感受作者想要表达的思想感情。
	第三单元	1. 认识 40 个生字,会写 26 个生字,正确读写"剩下、斧子、火柴、煤油、摇晃、旅行、拼命、流泪"等词语。 2. 有感情地朗读课文。 3. 读懂课文内容,积累好词佳句。 4. 初步培养从童话故事中感悟出道理的能力。
	第四单元	1. 认识 29 个生字,会写 13 个生字,正确读写"门板、准备、暴风雨、墙壁"等词语。 2. 正确、流利、有感情地朗读课文。 3. 读懂课文内容,了解故事背后蕴藏的道理。 4. 通过本组课文的学习,初步掌握续写故事的能力。
	第五单元	1. 认识 11 个生字,会写 26 个生字,正确读写"一本正经、引人注目、玩耍"等词。 2. 正确、流利地朗读课文。 3. 初步读懂课文内容。 4. 理解重点词义,学习外形、动作的描写方法,学习按时间顺序写作的技巧。
	第六单元	1. 认识 43 个生字,会写 51 个生字,正确读写新词"激滟、空蒙、西子、相宜、成群结队、各种各样"等。 2. 正确、流利、有感情地朗读课文,背诵《古诗三首》,默写《望天门山》。 3. 读懂课文内容,了解我国地大物博的特点。 4. 初步学会体会诗歌的意境,感受湖光山色的美。了解西沙群岛、小兴安岭、海滨小城的物产和景色,激发热爱祖国、热爱大自然的感情。

三年级上	第七单元	1. 认识 24 个生字, 会写 39 个生字。注意"奏、聚"的读音,"琴、器、敲"的写法。正确读写词语"茫然、凝神静气、惊愕"等。 2. 正确、流利、有感情地朗读课文。背诵《大自然的声音》第 2—3 自然段。 3. 读懂课文内容,了解大自然各种各样的声音。了解小鸟、刺猬的生活习性。 4. 学会观察自然、了解自然、热爱自然、保护自然。
	第八单元	1. 认识 41 个生字, 会写 30 个生字。正确读写新词。 2. 正确、流利、有感情地朗读课文。背诵《司马光》。了解文言文的特点。 3. 学会默读,读懂课文内容,认识救人英雄司马光和白求恩,了解掌声的意义,看看"剃头大师"的趣事。 4. 学习写人叙事的方法。学习表现一个人品质的技巧。
三年级下	第一单元	1. 认识 40 个生字, 会写 36 个生字, 积累优美的词语。 2. 正确、流利、有感情朗读课文, 品味优美的语句段。 3. 初步把握课文主要内容,了解观察方法,体会关键词句在表情达意方面的作用。 4. 培养观察美、欣赏美的情操,激发热爱语言,领悟作者所描绘的意境。
	第二单元	1. 认识 31 个生字, 会写 32 个生字, 积累好词好句。 2. 正确、流利、有感情地朗读课文,了解课文的主要内容,明白故事蕴含的道理。 3. 分角色朗读课文,体会作者的表达方式。 4. 学编寓言故事。
	第三单元	1. 认识 49 个生字, 会写 37 个生字, 正确读写"造纸术、伟大、石匠、设计、创举"等词语。 2. 通过查字典和联系上文理解词语,学会运用词语。 3. 理解背诵古诗,了解中国传统节日的风俗习惯。 4. 收集中国传统的发明、建筑、绘画等方面的图片资料,激发热爱祖国传统文化的兴趣。
	第四单元	1. 认识 26 个生字, 会写 25 个生字, 积累文中的生词。 2. 正确、流利、有感情地朗读课文,背诵《花钟》第 1 自然段。 3. 读懂课文内容,积累好词佳句。 4. 了解作者的观察、表达方法,学习作者的观察发现和探索精神。 5. 培养留心观察周围事物的习惯,激发探索大自然奥秘的兴趣。
	第五单元	1. 认识 16 个生字, 会写 25 个生字, 正确读写"麻烦、悠闲、形状、继续、卖力、难受、入神、担心、失望、秘密"等词语。 2. 正确、流利、有感情地朗读课文,了解课文主要内容。 3. 理解重点词语和句子。 4. 感受课文里的奇特的想象,学习发挥自己的想象续编故事,或仿写故事。 5. 发挥想象续编故事,或仿写故事。

三年级下	第六单元	1. 认识本单元的35个生字,会写35个生字,正确读写"水墨画、葫芦、透明"等词语。 2. 正确、流利、有感情地朗读课文,抓住人物的表情、动作和心理活动感受人物的特点,感受童年生活的丰富多彩。 3. 能在阅读中拓展想象,训练阅读能力,养成良好的阅读习惯。
	第七单元	1. 认识25个生字,会写35个生字,正确读写"呈现、变幻、宁静、迅速、威武"等词语。 2. 正确、流利、有感情地朗读课文,品味语言,从字里行间感受大自然的美。积累文中的精彩语段,背诵《火烧云》第3—6自然段。 3. 利用多媒体真实、直观地了解课文内容,学习作者从几个方面分别描述,把内容表述清楚的写作方法。 4. 收集有关自然奇观的其他资料,积累语文学习素材,丰富见闻,进一步感受大自然的美好与神奇,培养热爱大自然的思想感情。
	第八单元	1. 认识47个生字,会写25个生字,正确读写词语。 2. 正确、流利、有感情地朗读课文,了解课文的主要内容。 3. 复述故事,了解民间故事,关心故事中人物的命运和喜怒哀乐。 4. 组织有趣味的语文活动,在活动中学习语文,学会合作。

第三节　在语言学习中踏歌而行

　　诗意的"宽语文"以诗意校园为出发点,基于"宽语文"的课程哲学与目标,我们链接校园与学习,设置了一系列课程,让孩子们在丰富的语言学习的旅途中踏歌而行,让"宽语文"的种子真正在孩子心中落地发芽。

一、学科课程结构

　　《义务教育语文课程标准(2022年版)》中课程内容从"识字与写字""阅读与鉴赏""表达与交流""梳理与探究"四个方面提出具体要求,促进孩子语文素养的全面协调发展。各个学段相互联系,螺旋上升,最终全面达成总目标,体现语文课程的整体性和阶段性、发展性。

基于对课程标准的解读,我们通过"爱晚亭""力韵台""日新阁""若拙轩""岳麓书院"五大板块整体建构"宽语文"学科课程群,致力于让每一个生命以独特的方式绽放。新港小学"宽语文"学科课程群结构如下(见图1-1)。

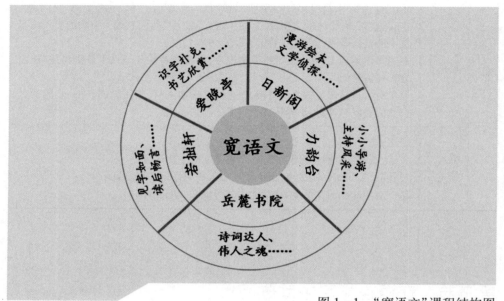

图1-1 "宽语文"课程结构图

图1-1中,各板块课程具体内涵如下:

爱晚亭:它是以培养孩子识字写字兴趣,引导孩子们掌握识字写字方法,提高孩子们审美能力为基本要求的活动。"爱晚亭"类课程提供丰富多彩的汉字活动,带领孩子们在实践中增强识字写字兴趣,掌握技巧,为阅读和写作打下扎实基础。

力韵台:它是依托特定情境开展的书面语与口头语的交际类活动。发挥孩子们主动性,积极创设情境,培养孩子们倾听和表达的良好习惯,增强孩子们交流的自信。

日新阁:它是以引导孩子们运用语言文字来获取信息、认识世界、发展思维、并获得审美体验的活动。"日新阁"力图提供丰富多彩的文本以创设孩子们理解和领悟文字内涵的积极平台,陶冶情操并提升自我修养,日积月累,日有所新。

若拙轩:它是孩子们练习相应的描述方法,以提高写作的技巧的活动。"若拙"活动注重培养孩子们观察生活体验生活的意识,引导孩子们珍视内心的感受,运用多种方式提高孩子们的写作热情。

岳麓书院:它提供了一个相对独立的学习生态化空间,是以孩子为主导的实践活动。通过多种任务模式,多种研究方法使孩子们能够把所学知识融会贯通,并运用于实践之中,以实现"知"和"行"的连接,引导孩子们成为谦谦君子。

上述五大部分有机联系,相互补充,共同构建了完整统一的"宽语文"学科课程群,极大可能地拓宽孩子语文学习的时空和内容,让孩子视野更加开阔,胸襟更加宽广。

二、学科课程设置

语文课程致力于孩子们的全面发展和终身发展,我们立足于语文教学的基本理念以及孩子们的成长特点,逐步推进"宽语文"课程设置,让语文学习体现宽泛、灵动的效果。"宽语文"融合了自然、生活、历史等资源,丰富课堂内容,让师生充分沉浸其中,并不断激发出孩子们的创造性,使我们的课程灵动起来,意在使孩子们在小学阶段的学习中感受到"宽语文"的魅力,让孩子实现生命灵动的生长和怒放。

在按要求完成语文教材的学习之外,我校在"宽语文"理念的引领下,结合学校与学生实际,开发了独具特色的拓展课程,具体设置如下(见表1-2)。

表1-2 "宽语文"课程设置表

课程类别 年级 学期	爱晚亭 (识字写字)		力韵台 (口语交际)	日新阁 (阅读)	若拙轩 (写作)	岳麓书院 (综合性学习)	
一年级	上学期	趣味拼音	乐诵儿歌	角色舞台	我读绘本	词句朋友	拼音王国	拼音节
	下学期	汉字王国	生字变变变	故事大王	童谣激趣	智识标点	姓氏之歌	故事节

课程类别 年级 学期		爱晚亭 （识字写字）		力韵台 （口语交际）	日新阁 （阅读）	若拙轩 （写作）	岳麓书院 （综合性学习）	
二年级	上学期	快乐口令	结构之美	声临其境	魅力童话	画里有话	知书达礼	童话节
	下学期	趣味字谜		谦谦君子	漫游绘本	能说绘道	伟人之魂	朗读节
三年级	上学期	识字扑克		新闻联播	书中采蜜	接力写作	名字背后的故事	悦读节
	下学期	字有此理		巧舌如簧	文学侦探	自然之眼	节日爆米花	传统文化节
四年级	上学期	明辨形声	硬笔生辉	小小导游	慧读寓言	校园观察	寻迹花城	童话剧场	书法节
	下学期	趣识多音	亲近砚墨	主持风采	走进石溪	见字如面	记者采风	诗词达人	记者节
五年级	上学期	字源寻根		最美家书	西游寻梦	天马行空	侃侃而谈	家书节
	下学期	书韵流芳		小演讲家	悦读宏志	读后畅言	出谋划策	名著节
六年级	上学期	书艺欣赏		诵读之美	走进鲁迅	游历山河	游走岭南	乡土剧场	山河风光节
	下学期	继承发扬		辩论之思	跨越中外	成长足迹	缅怀英雄	英雄谱歌	追思节

三、课程内容

"宽语文"课程群建设以课程目标的达成和核心素养的落实为出发点,课程具体内容如下(见表1-3)。

表 1-3 "宽语文"课程内容设置表

课程名称		课程内容
一年级上	趣味拼音	汉语拼音及其拼写规则的学习;汉语拼音小游戏,激发对汉语拼音的兴趣;举办趣味拼音班级比赛。
	乐诵儿歌	学唱《上学歌》《轻轻跳》《说话》等15首儿歌;组织儿歌对唱活动。
	角色舞台	了解朗读的基本技巧,如代入角色朗读;创设舞台,进行分角色扮演活动。
	我读绘本	阅读《猜猜我有多爱你》等20本绘本;了解扉页、蝴蝶页、目录、封面等绘本基本知识;对绘本阅读产生兴趣。
	词句朋友	运用"因为……所以……"等基本句型造句;掌握词语搭配。
	拼音王国	汉语拼音及其拼写规则的学习;汉语拼音小游戏,激发对汉语拼音的兴趣;举办趣味拼音班级比赛。
	拼音节	拼音主题手抄报展示;拼音知识竞赛。
一年级下	汉字王国	举办识字大赛;了解汉字的有趣故事;有主动识字、乐于识字的习惯,激发识字兴趣,激发对祖国语言文字的热爱。
	生字变变变	掌握"一字带一串""一字识一类"的识字方法;增强识字兴趣,激发对我国语言文字的热爱。
	故事大王	了解《三只小猪》《大和小》等故事;尝试把故事讲给爸爸妈妈、身边的伙伴听。
	童谣激趣	《绕口令》《悄悄话》等15首童谣;组织童谣接龙活动。
	智识标点	认识逗号、句号、问号、感叹号、省略号等标点符号,了解它们的用法。
	姓氏之歌	会唱《姓氏歌》,了解中国姓氏的由来,对姓氏背后的历史故事产生兴趣。
	故事节	制作故事中的主角头饰,举办班级故事比赛;以绘画、手抄报等多种形式分享故事。
二年级上	快乐口令	练习《四还是十》《数狮子》等绕口令,感受绕口令的乐趣。
	结构之美	了解上下结构、左右结构等汉字的间架结构,并能够美观地书写汉字。
	声临其境	为《疯狂动物城》《三只小猪》等故事配音,读出不同人物语言中暗含的不同情感。

	课程名称	课　程　内　容
二年级上	魅力童话	阅读《一千零一夜》《安徒生童话》,对童话的体裁特点有所了解,对童话产生兴趣。
	画里有话	掌握读图的顺序,学会阅读连环画,能够用自己的语言清晰地表达。
	知书达礼	第一模块:校园礼仪。了解古代师生礼仪,从古往今来的伟人事例中感受师生的情谊,学习基本的校园礼仪。第二模块:家庭礼仪。诵读《弟子规》《三字经》等经典著作,学习基本家庭礼仪。
	童话节	制作童话故事中的主角头饰,举办班级讲、演童话比赛;以绘画、手抄报等多种形式分享童话。
二年级下	趣味字谜	了解经典字谜,总结猜字谜的方法;举办字谜班级赛;尝试编写字谜。
	谦谦君子	诵读《弟子规》《三字经》等经典著作,了解古代和当代社会礼仪,如衣冠礼仪、餐桌礼仪、节日礼仪等。
	漫游绘本	阅读《冬天的温妮》等20本绘本,了解绘本所表达的含义,并从中受到教育。
	能说绘道	学会有顺序、有条理地进行表达的方法;将自己的写话自信地分享给伙伴们。
	伟人之魂	第一模块:走近伟人毛泽东。第二模块:走近伟人周恩来。第三模块:走近伟人孙中山。
	朗读节	掌握朗读的基本技巧,举办班级朗读大赛。
三年级上	识字扑克	制作汉字扑克;与伙伴们一起玩识字扑克,比比谁认识的字更多。
	新闻联播	观看《蛙闻联播》、南方少儿频道的《南方视窗》等节目。了解新闻时效性等特点。尝试播报校园新闻。
	书中采蜜	阅读《草房子》等书籍,分享读书的乐趣。
	接力写作	对写作产生兴趣。合理地进行想象,掌握续写故事的方法。学习发挥自己的想象续编故事。
	名字背后的故事	了解名字的由来、中外取名的趣味规则;探索自己与同学名字的含义。
	悦读节	以"好书伴我成长,书香飘满校园"为主题,根据读书内容分为励志、教育、孝敬、友善、节俭和诚信六大板块。

	课程名称	课程内容
三年级下	字有此理	讲解汉字字源,了解汉字造字的原理、演变过程及古人的世界观。
	巧舌如簧	学会围绕一个主题从正反两方面进行论述。
	文学侦探	阅读《作文里的奇案》《福尔摩斯》等侦探类小说,了解其体裁特点、语言特色,感受其中敏锐的观察力、思考能力。
	自然之眼	走进植物园,走进大自然,感受大自然的美好,并能用自己的语言表达自己的感受。
	节日爆米花	了解中华传统节日。了解与传统节日相关的食物,如饺子、汤圆、雄黄酒等。了解与传统节日相关的活动,如贴春联、插茱萸等。
	传统文化节	了解与传统节日相关的神话故事,如《年的由来》《牛郎织女》《嫦娥奔月》。了解与传统节日相关的历史故事,如纪念屈原的端午节。了解与传统节日相关的诗词,如《正月十五夜》《嫦娥》等。通过手抄报、绘画等多种形式举办传统文化展。
四年级上	明辨形声	了解形声字的概念;能准确运用、辨别形声字,总结辨别形声字的方法。
	硬笔生辉	欣赏硬笔书法的美;写一幅硬笔书法作品,举办硬笔书法展。
	小小导游	了解导游的语言特点;掌握作为导游的方法技巧;扮演导游为小伙伴介绍一处景点。
	慧读寓言	阅读《伊索寓言》,了解寓言的体裁特点,领悟寓言中表达的道理,受到教育。
	校园观察	走进校园的桃李园、百草园等地,感受校园风光的美好,能用优美的语言表达自己的真情实感。
	寻迹花城	游览花城八景,了解广州的传统文化。以制作游历手抄报、班级分享会等方式进行分享。
	童话剧场	观看《白雪公主与七个小矮人》等童话剧,了解剧场的基本要素,如道具、人物、旁白等。与伙伴组成小组,举办童话剧展演。
	书法节	举办优秀书法展,谈谈观展后的感受。

	课程名称	课　程　内　容
四年级下	趣识多音	了解多音字的概念;掌握判断多音字读音的方法;举办"慧眼识多音"的班级比赛。
	亲近砚墨	了解文房四宝"笔墨纸砚",了解书法家的故事,欣赏软笔书法作品;学习书写技法,并进行书写练习与指导,书写一幅软笔书法作品。
	主持风采	观看"主持人大赛"等有关主持的节目,了解主持人的语言特色,掌握主持稿的朗读技巧及写作技法,举办主持人比赛。
	走进石溪	阅读经典文学作品,组织读书分享会,分享读后感受。
	见字如面	观看"见字如面"节目,了解书信的演变历史,掌握书信的写作格式;写一封书信并寄出。
	记者采风	模仿新闻采访的方式,学习寻找新闻素材,学会观察。实地采访,策划一个有创意而又具有实施意义的采访方案。
	诗词达人	举办"飞花令"大赛。
	记者节	组成记者团,开展校园记者活动;学习编辑新闻,设计新闻版面。
五年级上	字源寻根	组成"字源寻根"小组,通过网络、书籍等多种途径,了解汉字的起源,分享汉字的故事。
	最美家书	阅读《傅雷家书》(节选),了解家书的体裁特点。给自己的亲人写一封"家书"。
	西游寻梦	阅读《西游记》,对书中的人物进行品析,分享阅读过程中的感悟。
	天马行空	了解并掌握想象作文的写作技巧,发挥想象力进行写作并分享。
	侃侃而谈	选择自己感兴趣的话题,运用层层推进的方式进行论述。
	家书节	评选出"最美家书"(写给亲人、亲人回信等),利用校园宣传栏进行展出。
五年级下	书韵流芳	分享王羲之、颜真卿、欧阳询、苏轼等名家学习书法的故事。学习书写技法,并进行书写练习与指导。成果展示。
	小演讲家	观看"我是演说家"等演讲节目,总结演讲的特点。选择一个感兴趣的话题撰写演讲稿,并在班级范围内进行演讲,评选"小演说家"。

	课程名称	课　程　内　容
五年级下	悦读宏志	阅读《钢铁是怎样炼成的》《少年周恩来》等励志类书籍,举办班级读书沙龙,联系生活实际分享读后感悟。
	读后畅言	分享阅读的感受,了解读后感的体裁特点并进行写作。
	出谋划策	针对"垃圾分类""燃放鞭炮"等社会热点问题,从多个角度进行思考,并提出自己的建议。
	名著节	阅读名著,以读书笔记、思维导图等多种形式分享阅读名著的收获。
六年级上	书艺欣赏	欣赏历朝历代著名书法家的作品,了解各大书法家的书法特点。
	诵读之美	1.先秦之孔子:讲解孔子《韦编三绝》《孔子相师》《孔子学琴》《登堂入室》四个典故,诵读《论语》中的名句名篇。 2.盛唐之李白:了解盛唐时代背景和李白的生平故事、代表作品。 3.北宋之苏轼:了解北宋时代背景和苏轼的生平故事、代表作品。 4.南宋之辛弃疾:了解南宋社会背景和辛弃疾的生平故事、代表作品。
	走进鲁迅	阅读《故乡》《我的伯父鲁迅先生》《野草》等与鲁迅相关的文学作品,结合鲁迅的生平经历、社会背景等深入了解鲁迅。
	游历山河	以小组为单位,通过网络、书籍、寻访等多种途径,了解祖国山河(其中两处风景名胜),以剪报的形式进行分享汇报。
	游走岭南	了解与初探。了解南湾水乡和周庄水乡景观、风俗与物产资源。设计"走进水乡"活动路线图。确定本次活动要完成的一个任务。 亲历与实践。采访记录当地民风民俗,与当地人民进行深入沟通、交流。选择水乡变迁、水乡名人、水乡风俗习惯、水乡人文风情、水乡建筑、水乡物产等任一主题进行调查。 汇报与重温。总结本次活动的收获与感受。以水乡风景、历史文化、民风民俗为内容制作书签。
六年级下	山河风光节	举办"山河风光"长廊,领略祖国山河的风景美与人文美,对祖国山河产生热爱之情与自豪感。
	辩论之思	观看辩论类节目,了解辩论语言的特点,了解辩论赛的规则;举办班级辩论赛,感受辩论的趣味。
	跨越中外	以"走进悦读,浸润情智"为主题,分为"与名家对话""生活中的启示""走进科普世界""周游列国""中华故事"五个板块。

课程名称		课　程　内　容
六年级下	成长足迹	回顾小学六年的成长足迹,我手写我心。
	英雄谱歌	选择自己敬佩的一位英雄人物,了解他的生平、社会背景,并为其谱写一曲赞歌,在班级中分享。
	追思节	结合清明节的主题活动,以诵读诗词、书信、习作、制作剪报等多种方式表达追思。

第四节　让语文成为生命的旷野

　　语文课程,应使孩子学会运用祖国语言文字进行交流沟通,吸收古今中外优秀文化,提高思想文化修养,促进自身精神成长。"宽语文"致力于提供"宽平台",营造"宽氛围",开阔"宽视野"。通过打造"宽课堂"、建设"宽课程"、繁荣"宽社团"、点燃"宽赛事"、丰富"宽节日"等多元化的形式实施"宽语文"课程群,力求让语文成为生命成长的旷野,让孩子们在广博厚雅中谛悟语文之美。

一、打造"宽课堂",提升语文课程品质

　　"宽课堂"是开放而宽博的学习过程,引领孩子们探寻广博浩瀚的文学之魅力,碰撞师生思维之火花,滋润孩子之心灵。

（一）"宽课堂"的实践与操作

　　"宽课堂"是让孩子感受语文课堂的真实魅力的过程。在教学目标设定时,在教学内容选定时、在教学环节确定时、在教学方法制定时、在教学语言敲定时,引导孩子扎实地体会宽厚的语文、自然地感受宽容的语文,从容地思考宽雅的自己。

　　"宽课堂"拥有宽博的课堂目标。课堂目标决定课堂的走向。宽博的课堂目标不

拘谨于教材,着眼于提高的孩子们的语文核心素养,体现"宽语文"的理念,从课程标准和孩子们的学习规律出发,是具体、明确,可操作、可检测的。

"宽课堂"呈现宽厚的课堂内容。宽厚的课堂内容将语文知识进行整合,将博大精深的中华文化呈现在孩子们面前,宽厚的课堂内容如同内涵丰富的大好河山,极具吸引力,让孩子们深度参与其中,领略其中的魅力。

"宽课堂"使用宽容的教学方法。陶行知先生说:"好的先生不是教书,不是教学生,乃是教学生学。"教师的教学方法不是一成不变,而是随着不同孩子的学习需要来生成。学生是学习的主体,鼓励孩子们自主学习、合作学习和探究学习的时候,也应该指引孩子们掌握学习方法,丰富、拓展孩子们的学习方法。"宽课堂"的教、学方法是不断创造和生成的,服务于孩子们的学习。

"宽课堂"是体现宽雅的过程。课堂时间,是顺畅自然、火花碰撞的富有生命力的过程。宽雅的过程,是师生、生生思维碰撞、合作探究的过程。

(二)"宽课堂"的评价

所谓"宽课堂","宽"以博大精深的中华文化为基础,"宽"是宽容的、思维自由碰撞交流的课堂,"宽"培养着孩子们扎实的语文核心素养。"宽课堂"评价细则如下(见表1-4)。

表1-4 "宽课堂"评价表

类别	指标	标　准　解　读	分值	得分
课堂目标	宽博	符合课程标准要求,符合教材要求与学生实际,三个维度统一于教学过程中。	10分	
		目标准确、简明、清晰,可操作、可检测,体现工具性和人文性的统一。	10分	
课堂内容	宽厚	条理清晰,重难点突出;结构合理,内容呈现与学科学习规律相符合。	10分	
		课堂内容与生活实践相结合,体现实践性和交际性。	10分	
		课堂立足学生语文学科素养,教学内容丰富宽阔,进行适当的拓展。	10分	

类别	指标	标　准　解　读	分值	得分
教学过程	宽雅	教学环节用时恰当,过渡自然、流畅,教学节奏恰当。	5分	
		给予动脑、动口、动手的机会,营造师生、生生互动的课堂,让学生主动学习,快乐学习,合作、探究学习。不同层次的学生在参与中都有收获。	10分	
		教师善于引导、鼓励学生质疑,学生在课堂中敢于质疑,并表现出一定的质疑能力。	5分	
教学方法	宽容	能够根据具体的学习内容,教给学生不同的学习方法。	10分	
		在学习过程中,教师进行恰当的引导,学生能够自主进行探究学习,课堂有效生成。	10分	
教学文化	宽宏	着眼于孩子个体发展的差异性与不均衡性,促进孩子实现个性化的成长。	10分	
		合计:	100分	
本课的亮点:			建议:	

二、建设"宽课程",丰富语文课程内涵

　　随着"核心素养"的倡导,课程变革越来越要求考虑孩子们素养发展的完整性。结构合理、层次清晰、彼此连接、相互配合、深度呼应的连环式课程集群的构建,不仅是一种思维,更是一种工具,已成为我校深化课程改革、优化课程设计的一条有效途径。

　　(一)"宽课程"的实践与操作

　　"宽课程"的建设以学科为轴心,不断延伸与深化其内涵与外延,逐步扩展学科的辐射面。课堂更深更广地延伸到生命、生活、生长的范畴之中,致力于实现每一个孩子的个性发展,体现的是对教育本真的追求。

　　"宽课程"的建设注重回归本源的同时,更关注勇于开放。在大语文的视野下,立足于广阔的时代背景,致力于突破书本、教室、学校的局限,跨越时空与领域的界限,旨

在建立开放的课程视野,培养孩子多维立体的语文素养。以整合的方式对资源再整合,将有统一主题的文章进行对比教授,一篇带动多篇,进行群文阅读、全阅读。

"宽课程"依托活动,创新发展课程。"宽课程"活动具有形式多样、持续性长等特点。以每周至少一节课或者"文化周"的形式嵌入课堂,教师根据不同年级的知识结构、心理特点,不同阶段的教学任务和教育重点等开设活动,使得活动与教学有机结合,相辅相成。

"宽课程"以学生为主体,学生以兴趣为导向自主选择课程。"宽课程"以丰富而有趣的课程吸引着孩子们,旨在努力促进每一名孩子的个性化发展。

(二)"宽课程"的评价

结合"宽课程"的实践和操作可以判断,优秀的课程需要有目标明确、以点带面;创新活动、高效执行;自主选择、有趣进行等特点。

第一,"宽课程"需要有明确的教学目标,能够将学科外延、辐射面所获的资源进行整合。新课标要求,语文的学习要注重人文性和工具性的统一。孩子们在"宽课程"的学习中能够自然地延伸到"1+X"的学科群中,这为孩子们热爱语文知识、运用语言知识打下了坚实的基础。

第二,"宽课程"重视创新活动,能够高效地实施课程。"宽课程"的特点是创新、灵动,通过开放时空、内容、形式,整合自然、生活等各类资源,丰富课堂内容,构建语文学习的"大染缸",让孩子们浸润其中,在创新的课堂中不断刺激孩子们的思考力、创造力,让课程灵动起来,形成生命成长的勃勃生机。

第三,"宽课程"提倡孩子们自主选择,感受课堂的独特趣味。课程在建设及发展的过程中不仅应具有特色,还应具有趣味。教师在过程中需要及时反思总结,了解孩子们喜好,因材施教,借此提高课程品质。"宽课程"评价将从课程纲要、实施方案、活动记录等方面进行,具体细目如下(见表1-5)。

表1-5 "宽课程"评价表

项目	评　价　内　容	等级
理念	课程内容有价值,满足学生兴趣发展和个性发展的需求,内容具有延伸性、实用性等,并能根据学情及时调整。	

项目	评 价 内 容	等级
设计	制定以活动为主要实施方法的课程纲要,并根据课程纲要制订一份课程实施计划。	
实施	根据教学计划,精心准备,坚持因材施教,认真指导。 课程实施能满足学生的兴趣发展需求,重视发展学生的个性特长,能开发出适合学生特点和利于学生发展的语文课程,重视培养学生的实践能力和创造能力,受到学生喜爱。	
评价	按照课程要求制订出个性化的学生评价方案,评价主体、方式多样化,重视过程性和发展性评价。	
反思	根据课程纲要的设计、课程实施和课程评价中的各个环节进行思考,形成有效经验和建议,并积极完善课程。	
课程亮点		
建议		

三、繁荣"宽社团",发展语文兴趣爱好

"宽社团"是语文学习的重要组成部分,能够提供一个宽广的展示平台,发展孩子们学习语文的兴趣爱好,引导其体会语文学习的乐趣。

(一)"宽社团"的实践与操作

"宽社团"中涵盖了多个社团,能够满足不同孩子的发展需要,力求让孩子站在"宽社团"的正中央,尊重孩子的发展需要。

门类丰富,燃烧兴趣的火苗。丰富多彩的语文活动社团,充分体现语文学习的生活化、社会化。

各司其职,走进专业的世界。各项语文社团活动均配备了具体负责的语文老师,每一个课程都有两名语文老师负责,一名老师负责教学活动的准备与安排,另一名老师则负责考勤,协助孩子们完成相应的课程学习等。学校将根据教师在语文领域的专

业、特长和爱好,在自愿的基础上统筹调配,带领孩子走进专业的世界的同时实现教学相长。

时间固定,体验自主的趣味。学校将根据场地、师资等情况统筹安排社团时间。固定的时间安排既便于老师的安排,也便于学校的整体运行。根据课程内容的不同,面向不同年级招募成员,每个社团的人数尽量不超过 30 人,以保证最佳的学习效果,场地方面则充分利用学校的各功能室。"宽社团"具体安排如下(见表1-6)。

表1-6 "宽社团"安排表

面向低年段的社团
知书识礼社团、小书虫社团、趣味绘本团、故事王国、配音员联盟、童声朗诵艺术团……
面向中年段的社团
翩翩少年新小礼仪队、书友会、新小之声广播台、梦想主持人、羊城小记者团、方言协会、玩转民俗俱乐部、寻梦导游团、侦探俱乐部……
面向高年段的社团
小超模协会、三味书社、国际交流协会、金话筒演讲社、唇枪舌剑辩论队、桃花源剧团、未来策划人俱乐部、模拟联合国、时政研讨会……
跨年段的社团
采薇诗社(3-6年级)、诗词达人聚集地(3-6年级)、翰墨飘香(硬笔、软笔)(1-6年级)、翰林国学社(1-6年级)(1-6年级社团将根据学生年段划分成三个小组开展)……

(二)"宽社团"的评价

"宽社团"对丰富孩子们的校园生活有巨大的作用,同时能够让孩子们在生活中学习语文,在培养孩子们语文兴趣、发挥语文技能和培养孩子们的综合素质中发挥巨大的作用。"宽社团"以孩子为中心,立足孩子,促进发展,是连接课内和课外学习的重要媒介。"宽社团"的评价参照以下标准:

第一,"宽社团"的每一项课程都有完整的教学活动记录,操作性强,每一项活动在学期结束后有活动反思与小结。

第二,在整个社团活动中教师都担任了重要的角色,教师能进行有效的指导,帮助孩子们发展语文技能,培养语文学习兴趣。

第三,注重社团的文化与规章制度的建设,力求让每个社团都能够文明有序,有效,充分体现每个社团的特色。

第四,学期结束后,每个社团开展结业活动,展示学习成果。

第五,通过调查问卷等方式,了解孩子们和家长的满意度,60%为及格,80%为良好,90%为优秀。通过此种方式,不断完善社团,使每个社团都能真正为孩子们所需,让每个社团充满活力。

总之,"宽社团"本着为了每一名孩子的发展为目标,每位老师都各司其职,努力培养孩子语文学习的兴趣,拓宽孩子的语文技能,让每名孩子真正爱上语文学习,在语文知识的海洋里遨游。

四、点燃"宽赛事",培育语文综合素养

"宽赛事"着眼于孩子们在智力、体能、技术、技能等方面进行分别的或综合的较量,按照规则评定出胜负或者排名,最终服务于促进语文综合素养的发展进步。

(一)"宽赛事"的实践与操作

"宽赛事"是面向所有孩子的赛事,是指向语文核心素养的赛事。任何一位孩子都可以在"宽赛事"中获得展现自己的舞台,"赛中玩"(形式新颖)、"赛中学"(提高素养)、"赛中乐"(荣誉之乐)。"宽赛事"主题多样,地点灵活,更重要的是参与面广。根据不同的赛事内容,参与人员不仅涉及孩子和老师,还将联动家长,以校园带动家庭,为孩子们核心素养的提升营造积极向上的环境。"宽赛事"具体安排如下(见表1-7)。

表1-7 "宽赛事"安排表

时间安排	比　赛　名　称
每学期1次	小小书法家
	"童心飞扬"现场作文大赛(面向中高年级)

时　间　安　排	比　赛　名　称
寒、暑假(开学初评选)	"新小作家杯"主题征文比赛(面向中高年级)
	"妙笔生花"诗配画比赛
上学期 (月份安排灵活调整)	唐诗节
	伟人知识竞赛
	主题诗文诵读比赛
	讲故事比赛(面向低中年级)
	主持人大赛(面向中高年级)
下学期 (月份安排灵活调整)	"逐日行远"经典诵读大赛
	新小诗词大会
	佳节拍案惊奇(面向低中年级)
	主题辩论赛(面向中高年级)
	主题演讲比赛(面向中高年级)

（二）"宽赛事"的评价

孩子们在"宽赛事"的多彩舞台与多元评价中,可以在不同程度上收获比赛的成就感、价值感和归属感。因此,"宽赛事"强调评价的激励性,鼓励孩子们发挥自己的个性特长,施展自己的才能,努力形成激励广大孩子们积极进取、勇于创新的氛围。评价标准具体细目如下(见表1-8)。

表1-8　"宽赛事"评价表

项目	评　价　标　准	等级(优良中差)
主题	鲜明、新颖、有明确指向性	
	时代感强,体现学校学生形象要求	

项目	评　价　标　准	等级(优良中差)
内容	活动内容新颖,符合学生的年龄特征	
	活动环节典型,有说服力和感染力	
	结合实际,贴近学生生活和社会现实	
形式	寓教于乐,有利于学生个性特长的展示	
	丰富多样,学生喜闻乐见	
过程	学生热情参与,主体作用发挥好	
	教师引领学生有方,指导有度	
效果	学生积极体验,深刻感悟,激起情感共鸣	
亮点		
建议		

五、丰富"宽节日",浓郁语文课程氛围

每一个节日都有它特有的内涵,每一份内涵需要孩子去感受,感受节日的宽度,造就孩子宽语文视野,积淀孩子的文化底蕴,从而升华孩子的精神世界。

(一)"宽节日"的实践与操作

"宽节日"是拥抱爱的节日。好的教学既是工具性与人文性的统一,"宽节日"不仅能够锻炼孩子的实践能力,对孩子的情感价值观和归属感等也有着巨大的冲击力。

"宽节日"是以孩子为中心的节日。每一个节日的设计都是从孩子的角度、孩子的需要出发。让孩子站在正中央,感受"宽节日"的魅力。我们创设"宽节日",激发孩子学习语文的热情,感受语文学习的宽度与广大。"宽节日"主要分为两大类,一是基于传统节日开展与语文学科相融合的节日活动。此类节日参与对象为一至六年级全体学生,根据孩子的不同年龄特点、学习情况等,以传统节日为主题开展不同的活动。二是基于语文素养开设的主题节日,此类节日则根据孩子的实际学情,以年级为单位,

每个学期围绕不同的语文专题开展活动。"宽节日"具体安排如下(见表1-9)。

表1-9 "宽节日"安排表

时间	传统节日				主题节日		
	年级	节日	课程	实 施	年级	课程	实 施
1月		元旦	一年之计在于春	新年新期盼	二下	朗读节	朗诵国学经典朗读精品童话
2月		春节	传统节日	贴窗花写对联	三上	悦读节	阅读能力我最棒
3月		妇女节	感恩母亲	做贺卡绘画送妈妈	三下	传统文化节	收集传统文化节日的由来和习俗
4月		清明节	缅怀先烈	观看爱国人士的相关电影黄花岗扫墓	四上	书法节	小小书法家
5月		劳动节	我劳动我光荣	帮父母做家务	四下	记者节	小小记者
6月	1-6年级	儿童节	我们的专属节日	快乐游园活动文艺汇演	五上	家书节	一封家书送亲人
7月		建党节	童心向党	收集革命故事参观博物馆	五下	名著节	阅读四大名著
8月		建军节	军中风采	讲述军人故事,悟军队爱国情	六上	山河风光节	诵读描写祖国的游记或写景文章
9月		教师节	感念师恩	写给老师的一封信	六下	追思节	我心中的英雄
10月		国庆节	我爱祖国	庆国庆手抄报看爱国电影	一上	拼音节	了解拼音奥秘运用学到的拼音
11月		植树造林日	植树造林,保护地球母亲	植树造林手抄报看相关宣传片	一下	故事节	我是故事大王
12月		冬至	冬至情	了解冬至由来了解冬至习俗	二上	童话节	童话世界真奇妙

(二)"宽节日"的评价

"宽节日"课程评价是节日课程活动进行的有效保证,要实现节日课程活动的有效性、规范性,真正促进孩子的发展,就需要搭建恰当的课程活动评价体系,对节日课程活动的评价应遵循综合性、针对性、有效性的原则,采用访谈记录、活动分析等方法及时进行。新港小学"宽节日"评价细目如下(见表1-10)。

表1-10 "宽节日"评价细目表

项目	评 价 标 准	等级	亮点	建议
主题	典型、新颖、有明确的指向性			
	与学校特色相结合			
内容	贴近孩子生活实际,符合孩子认知和情感发展规律			
	内容丰满、典型,有说服力和感染力			
	内容有针对性和综合性			
形式	形式丰富,有利于彰显孩子的个性特长			
	环环相扣,结构完整紧凑			
	富有趣味性,孩子乐于参与			
	环境营造到位,节日氛围浓郁			
过程	师生互动,主体作用与主导作用共同发挥			
	活动组织有序、层次清晰			
	活动主题得以彰显、落到实处			
效果	孩子积极参与,深刻感悟,激起情感共鸣			
	孩子掌握相应的知识与技能			
	孩子精神充实,语文素养得以提升			

总之,以"宽语文"价值引领深化学科课程变革,把握教育教学的方向,这既需要

语文教研组教师对"宽语文"课程群的高度认同,达成充分的共识,更需要教师们达成心灵契约,一起朝着课程规划的蓝图努力,让教育者在学校"旭日文化"及"宽语文"课程文化的浸润下形成一种教育责任,享受创造与实践的快乐。

　　"宽语文"的解读是多维的,立体的,意味着宽氛围、宽视野、宽途径、宽平台……行路方能致远,思索助于前行。在"宽语文"建构及落地的过程中,丰富多元的课程活动、教育研讨等,不断增强着新小教育人对"宽语文"的思想认同、情感认同和理论认同,在开发、实施、生成的过程中,"宽语文"的内涵不断得到丰富。

第二章

慧数学：用数学的
眼光理解世界

地球之变，日用之繁，无处不用数学。"慧数学"，是锻炼思维的数学，把培养孩子良好的思维品质放在首位，让孩子学会用数学的眼光理解世界；"慧数学"，是发展能力的数学，孩子有意识地解释客观事物所表现出的数学特征，从数学的角度解决问题，实现能力的超越与跃升。"慧数学"学科课程群设置的"慧计算""慧空间""慧数据""慧探究"四大部分，通过慧眼、慧思、慧语、慧行的学习过程，增强孩子学习的核心思考能力，培养良好的思维品质，致力于让儿童学会用数学的眼光理解世界。

广州市黄埔区新港小学是一所朝气蓬勃、蒸蒸日上的学校。目前,学校数学科组共有 17 位优秀的数学老师,其中广州市骨干、广州市优秀教师 5 名,占总人数的 29.4%。近年来,我校数学老师执教的公开课中,1 节获国家级奖项,1 节获省级奖项,4 节获市级奖项,多项课题研究和论文也获省市级奖项,这些奖项跟我们数学团队的共同努力是分不开的。新港学子思维活跃、敢于探究,新港教师勤奋工作、喜欢钻研、勇于表达。师生互相尊重、共同探究的学风和教风为学科课程群的建设提供了有力的保障。我们依据《义务教育数学课程标准(2022 年版)》的要求,推进数学学科课程群建设,取得了可喜的成效。

第一节　用数学的思维审视生活

　　数学是一门基础学科,也是现代科学的基础,在日新月异的时代,数学发挥着越来越重要的作用,正如著名数学家华罗庚所说:"宇宙之大,粒子之微,火箭之速,化工之巧,地球之变,日用之繁,无处不用数学。"小学数学是数学教育的基础,如何在孩子面前展现出一个五彩缤纷的数学世界? 如何让令人生畏的数学知识变得生动有趣? 如何让孩子眼中的数学更贴近生活? 我们所做的就是借助儿童的生活经验帮助孩子们学习数学和理解数学,引导孩子把对生活的体验融入数学的学习之中,进而学会用数学的思维审视生活。

一、学科价值观

　　数学教学是数学活动的教学。教师更要紧密联系学生的生活环境,从学生的经验和已有的知识出发,创设生动的数学情境。同时,要重视从学生的生活实践经验和已有的知识中学习数学和理解数学。因此,数学课程只有从学生的生活经验出发,让学生在生活中学数学、用数学,才能焕发生命活力。在小学数学教学中,从生活实际出发,把教材内容与"数学现实"有机结合起来,符合学生的认知特点,可以消除学生对数学知识的陌生感,同时增强数学的应用意识,唤起学生的学习兴趣。

二、学科课程理念

　　《方言》中记载:"知或谓之慧。""慧"是聪明、有才智。了解世界客观事理称之为慧。我们希望孩子通过学习感悟客观真理的过程中,用数学的眼光发现知识,用数学的思维积极思考,灵活应用数学的模型,提高思维品质和创新水平。因此,我们将数学学科课程理念定位为"慧数学",使孩子得到全方面、多维度的发展,学会用数学的思维生活。

"慧数学"是锻炼思维的数学,让儿童学会用数学的眼光理解世界。在提高数学核心素养的基础上,培养孩子用数学思维解决问题,锻炼孩子思维品质中的灵活性和逻辑性。

　　"慧数学"是发展能力的数学,孩子有意识地解释客观事物所表现出的数学特征,从数学的角度解决问题,提高应用水平。

　　"慧数学"的理念内涵如下:

（一）慧眼

　　数学是一种眼光。张景中院士说:"在常人看来十分繁难的问题,数学家可能觉得很简单;常人觉得相当简单的问题,数学家可能认为非常复杂。""慧数学"追求用数学的眼光看待客观世界。在简单的问题中看到数学的影子,用抽象的慧眼考察空间形式,数量关系,内在逻辑。

（二）慧思

　　数学是一种方法。爱因斯坦说:"学习知识要善于思考,思考,再思考。"数学是思维的体操,在数学学习的过程中,外在知识转化为内在知识通过思考实现。"慧数学"把培养孩子良好的思维品质放在首位,形成以思考为核心的学习能力,孩子在思考中完成一次次数学思维能力的跃升。

（三）慧语

　　数学是一种语言。数学教育家斯托利亚尔指出:"数学教学就是数学语言的教学。"可见数学语言在数学中的重要性,数学语言的规范与准确是学习数学的基础。"慧数学"致力于培养孩子的数学语言表达能力,有条理,逻辑清晰地呈现解决问题的思路与方法,体会数学语言的严谨与魅力。

（四）慧行

　　数学是一种生活,数学渗透在实践中,两者相辅相成。"慧数学"注重培养孩子应用数学知识解决实际问题的能力,增强数学意识,巧妙地运用到生活中,感受数学与生活的紧密联系。

　　总之,"慧数学"课程通过慧眼、慧思、慧语、慧行的学习过程,提高孩子学习的核心思考水平,培养良好的思维品质,促进数学核心素养的发展。

第二节 领略数学的价值与意义

《义务教育数学课程标准（2022 年版）》指出：通过义务教育阶段的数学学习，学生逐步会用数学的眼光观察现实世界，会用数学的思维思考现实世界，会用数学的语言表达现实世界（简称"三会"）。学生能获得适应未来生活和进一步发展所必需的数学基础知识、基本技能、基本思想、基本活动经验。体会数学知识之间、数学与其他学科之间、数学与生活之间的联系，在探索真实情境所蕴含的关系中，发现问题和提出问题，运用数学和其他学科的知识与方法分析问题和解决问题。对数学具有好奇心和求知欲，了解数学的价值，欣赏数学美，提高学习数学的兴趣，建立学好数学的信心，养成良好的学习习惯，形成质疑问难、自我反思和勇于探索的科学精神。①

基于对数学课程的认识，"慧数学"课程体系将带领孩子领略数学的价值与意义，在提高数学核心素养的基础上，学会用数学的眼光理解世界。

一、学科课程总体目标

依据《义务教育数学课程标准（2022 年版）》提出的"义务教育数学课程以习近平新时代中国特色社会主义思想为指导，落实立德树人根本任务，致力于实现义务教育阶段的培养目标，使得人人都能获得良好的数学教育，不同的人在数学上得到不同的发展，逐步形成适应终身发展需要的核心素养。"②由此，我们将"慧数学"课程总体目标分为知识技能目标、数学思考目标、问题解决目标、情感态度目标四个维度，让孩子全方位领略数学的价值与意义。

（一）知识技能目标

经历数与代数的抽象、运算与建模等过程，掌握数与代数的基础知识和基本技能；经历图形的抽象、分类、性质探讨、运动、位置确定等过程，掌握图形与几何的基础知识

---

① 中华人民共和国教育部.义务教育数学课程标准（2022 年版）［S］.北京：北京师范大学出版社,2022：11.
② 中华人民共和国教育部.义务教育数学课程标准（2022 年版）［S］.北京：北京师范大学出版社,2022：2.

和基本技能;经历在实际问题中收集和处理数据、利用数据分析问题获取信息的过程,掌握统计与概率的基础知识和基本技能;参与综合实践活动,积累综合运用数学知识、技能和方法等解决简单问题的数学活动经验。

(二) 数学思考目标

建立数感、符号意识和空间观念,初步形成几何直观和续表运算能力,发展形象思维与抽象思维;体会统计方法的意义,发展数据分析观念,感受随机现象;在参与观察、实验、猜想、证明、综合实践等数学活动中,发展合情推理和演绎推理能力,清晰地表达自己的想法;学会独立思考,体会数学的基本思想和思维方式。

(三) 问题解决目标

初步学会从数学的角度发现问题和提出问题,综合运用数学知识解决简单的实际问题,增强应用意识,提高实践水平;获得分析问题和解决问题的一些基本方法,体验解决问题方法的多样性,发展创新意识;学会与他人合作交流;初步形成评价与反思的意识。

(四) 情感态度目标

积极参与数学活动,对数学有好奇心和求知欲;在数学学习过程中,体验获得成功的乐趣,锻炼克服困难的意志,建立自信心;体会数学的特点,了解数学的价值;养成认真勤奋、独立思考、合作交流、反思质疑等学习习惯;形成坚持真理、修正错误、严谨求实的科学态度。

二、学科课程年级目标

依据数学课程总目标,我们根据教材和教参等资料,结合学校实际和 1-6 年级的学情,设计课程年级目标。此处仅列举二年级(见表 2-1)。

表 2-1 新港小学"慧数学"年级课程目标(节选)

年级	单元	目 标
二年级上册	第一单元	1. 体会统一长度单位的必要性,知道长度单位的作用。 2. 在活动中,认识长度单位厘米和米,初步建立 1 厘米、1 米的长度观念,知道 1 米＝100 厘米。

年级	单元	目　　　标
二年级上册	第二单元	1. 借助小棒、圆片等直观学具的操作,理解 10 以内的两位数加、减两位数的算理,能正确地计算 100 以内的两位数加、减两位数的试题。 2. 掌握连加、连减和加减混合竖式的简便写法,能正确、灵活地计算连加、连减和加减混合式题(包括含有小括号的)。
	第三单元	1. 结合生活情境及操作活动,初步认识角,知道角的各部分的名称,初步学会用尺画角。 2. 结合生活情境及操作活动,初步认识直角、锐角和钝角,会用三角尺判断直角、锐角和钝角。 3. 运用角的知识解决简单的问题,继续培养孩子解决问题的能力。
	第四单元	1. 在具体情境中理解乘法运算的意义,知道乘法算式各部分的名称。 2. 经历编制乘法口诀的过程,知道乘法的口诀是怎么得来的,熟记 2—6 的乘法口诀,会用口诀熟练口算有关乘法算式。
	第五单元	1. 知道从不同位置观察到的物体的形状可能是不同的,能辨认从不同位置看到的简单物体的形状,能辨认从不同位置看到的简单几何形体的形状。 2. 能解决简单的问题,发展孩子的空间观念和推理能力。
	第六单元	1. 经历编制 7—9 的乘法口诀的过程,体验 7—9 的乘法口诀的来源,理解每一句乘法口诀的意义,初步记熟 7—9 的乘法口诀。 2. 能熟练地计算表内乘法,会用乘法解决简单的实际问题。 3. 通过编制乘法口诀的活动,初步学会运用类比推理的方法学习新知识。
	第七单元	1. 在具体的生活情境中,借助钟面认识时间单位"分",知道 1 时＝60 分。 2. 结合直观演示和操作,知道在钟面上分针走 1"小格"是 1 分钟,初步认识几时几分(5 分 5 分地数),会读写几时几分和几时半。 3. 会运用时间的有关知识解决一些简单的实际问题。
	第八单元	1. 通过操作、观察、猜测等活动,了解发现最简单事物的排列数和组合数的基本思路、基本方法,初步培养孩子有序、全面地思考问题的意识,初步体会排列与组合的思想方法。 2. 在发现最简单事物的排列数和组合数的过程中,培养学生初步的观察、分析、推理能力,以及恰当地进行数学表达的能力。

年级	单元	目 标
二年级下册	第一单元	1. 在贴近生活的情境中经历简单的数据收集和整理的过程,学会用调查法来收集数据。学会在分类的基础上用写"正"字的方法记录数据,认识简单的统计表,会用给定的统计表呈现和整理数据。 2. 通过对数据进行简单的分析,初步体会运用数据进行表达与交流的作用,感受数据中蕴含的信息。
	第二单元	1. 在具体情境中理解平均分及除法运算的含义,能进行平均分,会读、写除法算式,知道除法算式各部分的名称。 2. 初步认识乘法、除法之间的关系,能够比较熟练地用2—6的乘法口诀求商。
	第三单元	1. 借助日常生活中的对称现象,通过观察、操作,直观认识轴对称图形,能辨认轴对称图形。 2. 借助日常生活中的平移现象,通过观察、操作,初步理解图形的平移,能辨认简单图形平移后的图形。
	第四单元	1. 经历用7、8、9的乘法口诀求商的过程,理解用乘法口诀求商的算理,掌握用乘法口诀求商的一般方法。 2. 能比较熟练地运用乘法口诀求商,并会用除法解决简单的实际问题。
	第五单元	1. 使孩子正确理解和掌握含有两级运算的混合运算的运算顺序,能正确按照运算顺序进行脱式计算。 2. 在经历探索和交流解决实际问题的过程中,使孩子感受解决问题的一些策略和方法,并逐步学会列综合算式解决需要用两步计算才能解决的问题。
	第六单元	1. 通过操作、观察、对比等活动,发现日常生活中在分物时存在着分不完有剩余的情况,借此理解余数及有余数的除法的含义,初步培养孩子全面思考问题的意识。 2. 通过操作、计算、比较等活动,经历除法竖式(含表内除法的竖式)的书写过程,理解竖式中每个数所表示的意思,初步培养观察、分析能力,以及恰当地进行数学表达的能力。
	第七单元	1. 经历数数的过程,体验数的产生和作用,能在现实情境中感受大数的意义。 2. 能够正确地认、读、写万以内的数,理解各数位上的数字表示的意义,并知道这些数是由几个千、几个百、几个十和几个一组成的,掌握万以内数的顺序,会比较万以内数的大小,能用符号和词语描述万以内数的大小。 3. 会用万以内的数表示日常生活中的事物,能进行简单的估计和交流。同时,会在算盘上表示出万以内的数。

年级	单元	目　　　标
二年级下册	第八单元	1. 通过掂一掂、估一估、称一称等活动，认识质量单位克和千克，知道 1 千克＝1 000 克，会进行简单的单位换算。 2. 初步了解天平和常用的用"千克"作单位的秤，知道用秤称物体的方法，能够进行简单的计算。
	第九单元	1. 通过观察、猜测等活动，借助生活中简单的事件初步理解逻辑推理的含义，并能按一定方式整理信息，进行推理；经历简单推理的过程，初步获得一些简单推理的经验。 2. 通过游戏，用推理解决一些简单的数学问题，使孩子感受推理的作用，初步培养孩子有序地、全面地思考问题的意识。

第三节　用数学的眼光理解世界

依据"慧数学"课程基本理念，在实施基础课程的同时，聚焦"慧数学"课程目标，开发丰富数学学科拓展课程，构建相互补充、相互促进的课程体系，适应孩子个性发展的需求。

一、学科课程结构

依据《义务教育数学课程标准（2022 年版）》，课程内容从"数与代数""图形与几何""统计与概率""综合与实践"四大部分提出要求。[①] 秉承学科课程哲学，结合学生的身心发展特点，"慧数学"学科课程群设置以下四个部分"慧计算""慧空间""慧数据""慧探究"，致力于让儿童学会用数学的眼光理解世界。新港小学"慧数学"学科课

---

① 中华人民共和国教育部.义务教育数学课程标准（2022 年版）[S].北京：北京师范大学出版社，2022：16.

程群结构如下(见图2-1)。

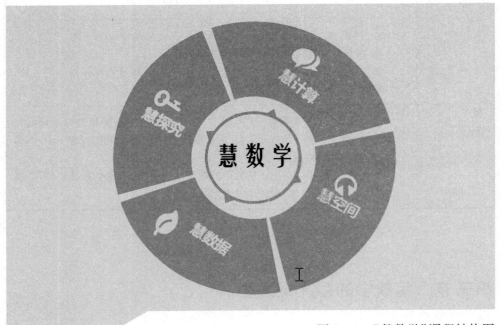

图2-1 "慧数学"课程结构图

上图中,各板块课程具体内涵如下:

(一)"慧计算"

"数与代数",主要内容有:数的认识,数的表示,数的大小,数的运算,数量的估计;字母表示数,代数式及其运算;方程、方程组、不等式、函数等。

(二)"慧空间"

"图形与几何",主要内容有:空间和平面基本图形的认识,图形的性质、分类和度量;图形的平移、旋转、轴对称、相似和投影;平面图形基本性质的证明;运用坐标描述图形的位置和运动。

(三)"慧数据"

"统计与概率",主要内容有:收集、整理和描述数据,包括简单抽样、整理调查数据、绘制统计图表等;处理数据,包括计算平均数、中位数、众数、方差等;从数据中提取信息并进行简单的推断;简单随机事件及其发生的概率。

（四）"慧探究"

"综合与实践"是一类以问题为载体、以孩子自主参与为主的学习活动。在学习活动中,孩子将综合运用"数与代数""图形与几何""统计与概率"等知识和方法解决问题。"综合与实践"的教学活动应当保证每学期至少一次,可以在课堂上完成,也可以课内外相结合。提倡把这种教学形式体现在日常教学活动中。

二、学科课程设置

"慧数学"以课程目标的达成和核心素养的落实为出发点,围绕"学用交融"的学科理念,除了基础课程之外,"慧数学"1-6 年级共 12 个学期的课程设置如下所示(见表 2-2)。

表 2-2 "慧数学"课程设置表

年级模块		慧计算	慧空间	慧数据	慧探究
一年级	上学期	快乐计算	立体之美	神奇的数	走进超市
	下学期	计算能手	魅力七巧板	数字奥秘	送图书回家
二年级	上学期	有趣的人民币	美丽的图案	班级小管家	我是购票员
	下学期	24 点游戏	角的世界	小小采购员	我是工程师
三年级	上学期	横式之谜	创意文化衫	小小气象员	麦田与周长
	下学期	竖式之谜	画脸谱	小小裁判员	麦田与面积
四年级	上学期	巧用运算律	巧数图形	幸运大转盘	电影票里的学问
	下学期	寻根究底	巧算内角和	蒜苗节节高	奥运项目中的数学
五年级	上学期	图解因数	面积变形师	抽奖大转盘	价格学问
	下学期	图解分数	体积中的学问	我是数据分析师	促销策略
六年级	上学期	数字变形记	图形变幻	理财高手	我是大侦探
	下学期	负数的历史	阿基米德的墓志铭	生活中的百分数	鸽巢原理

三、课程内容

"慧数学"课程群建设以课程目标的达成和核心素养的落实为出发点,课程具体内容如下(见表 2-3)。

表 2-3 "慧数学"课程内容设置表

单元	1	2	3	4	5	6	7	8	数学广角	综合实践
一年级 上学期	准备课目标内容	位置	1—5的认识和加减法	认识图形(一)	6—10的认识和加减法	11—20各数的认识	认识钟表	20以内的进位加法	数学乐园	
一年级 下学期	认识图形(二)	20以内的退位减法	分类与整理	100以内数的认识	认识人民币	100以内的加法和减法(一)	找规律			
二年级 上学期	长度单位	100以内的加法和减法(二)	角的初步认识	表内乘法(一)	观察物体(一)	表内乘法(二)	认识时间		搭配	长度单位
二年级 下学期	数据收集整理	表内除法(一)	图形的运动(一)	表内除法(二)	混合运算	有余数的除法	万以内数的认识	克和千克	推理	数据收集整理
三年级 上学期	时、分、秒	万以内的加法和减法(一)	测量	万以内的加法和减法(二)	倍的认识	多位数乘一位数	长方形和正方形	分数的初步认识	集合	数字编码
三年级 下学期	位置与方向(一)	除数是一位数的除法	统计	两位数乘两位数	面积	年、月、日	小数的初步认识			制作活动日历

	单元	1	2	3	4	5	6	7	8	数学广角	综合实践
四年级	上学期	大数的认识	公顷和平方千米	角的度量	三位数乘两数	平行四边形和梯形	除数是两位数的除法	条形统计图		优化	大数的认识、公顷和平方千米
	下学期	四则运算	观察物体(二)	运算定律	小数的意义和性质	三角形	小数的加法和减法	图形的运动(二)	平均数与条形统计图	鸡兔同笼	四则运算
五年级	上学期	小数乘法	位置	小数除法	可能性	简易方程	多边形的面积			植树问题	
	下学期	观察物体(三)	因数与倍数	长方体和正方体	分数的意义和性质	图形的运动(三)	分数的加法和减法	统计		探索图形	打电话
六年级	上学期	分数乘法	位置与方向(二)	分数除法	比	圆	百分数(一)	扇形统计图		数与形	
	下学期	负数	百分数(二)	圆柱与圆锥	比例					鸽巢问题	整理与复习

第四节　以数学的方式走进生活

　　"慧数学"课程依据学科课程理念、课程目标、课程设置,结合学校现状、师生特点,从建构"慧课堂"、创建"慧乐园"、启动"慧之旅"、设立"慧社团"、开展"慧节日"五大方面设计实施与评价,践行"慧数学"课程理念,力求让孩子们以数学的方式走进生活。

一、建构"慧课堂",营造数学氛围

"慧课堂"是智慧而有趣的学习过程,让我们不断追溯数学的本源。"慧课堂"设定多元的学习目标,选择丰富的学习内容,制定灵活的学习方法,睿智幽默的教学语言,彰显"慧数学"的智慧和趣味,构建和谐学习氛围。

(一)"慧课堂"的实践与操作

"慧课堂"的学习目标是多元清晰的,学习内容是丰富鲜活的,学习方式是自主融洽的,学习效果是学用结合、全面发展的。

课堂目标是教与学的核心与灵魂,是课堂中师生学习活动的方向标。课堂目标一旦确定,整个学习活动就要遵循它的轨道。多元的目标丰富而不杂乱,开放而不松散,自主又有合作。充分体现了"慧课堂"的理念和时代性。

就数学学科本身的特点而言,如果学习内容过于刻板、枯燥,会降低孩子的学习兴趣和效果。因此为孩子提供大量丰富而有趣的综合性素材,创造更多自主学习的机会,显得尤为重要,这样使不同学习能力的孩子都能在"慧课堂"上得到应有的发展。前期备课的时候,老师们就会根据整册教材的内容,确定符合孩子年龄特征的拓展类学习内容,并与基础类课程进行融合,行之有效地穿插在课堂前5分钟或最后5分钟。

在"慧课堂"上,发散的创新思维使课堂活泼生动,严谨的逻辑思维使孩子的学习过程更缜密。在课堂学习过程中,有意识地逐步培养孩子乐于思考、勇于质疑、思维缜密、言必有据的良好思维习惯,让孩子在数学学习中体验思维的快乐。教学环节需要预设,但不能完全依赖预设。课堂上,老师和孩子常常相互对话、相互启发。孩子经常扮演教师的角色,把自己精心预习的内容,讲给大家听;其他孩子提出疑问,孩子在思辨、质疑互动中提升自己、获取新知。

在"慧课堂"中,"能"不仅是对孩子提出的各种能力的培养,还是孩子在各种能力培养达成的过程中成功的体验;"动"不仅是孩子学会了哪些知识与技能,更重要的是能把这些知识技能转化为自己内在的能量,并行之有效地运用在实际生活中。

(二)"慧课堂"的评价

多元化的评价途径更符合孩子的成长特点,有利于孩子的主动发展,增强孩子的自信心,调动孩子的热情,让孩子发现自己的进步。使教师更深入地理解"慧课堂"的理念,提升教师的专业素养,丰富教师的课堂经验,完善课堂的构成要素,实现师生相长。

根据课型的不同,设计"慧课堂"教学评价表(见表2-4)。

表2-4 "慧课堂"评价单

授课教师		上课时间		班级		评课教师	
学科			课题				

类别	指标	优	良	合格	不合格
		完全达到 100—88分	基本达到 87—75分	部分达到 74—60分	少量达到或未达到60分以下
课堂目标	多元(25分)	1. 目标符合数学课程标准要求,符合大多数孩子生活实际。 2. 目标体现知识与技能、策略与方法的生成性,思维活动的激发与引导性,情感的生成与支持性,态度与价值观的形成性;三维目标和谐统一。 3. 以目标统领教学准备与教学实践。			
教学环节	和谐(25分)	1. 教学环节和谐,组织协调顺畅,问题与探究时间充足,孩子思维活跃清晰,教学活动自然流畅。 2. 活动与过程符合孩子的认知规律和知识的形成规律,符合孩子思维发展和成长追求。 3. 既关注孩子新的学习与感悟,又关注孩子实践应用的习得与成长。 4. 层次清晰,符合和满足不同孩子及各个阶段的进取和发展需要,有利于目标的达成。			
教学过程	趣味(25分)	1. 情境有利于唤起孩子的生活经验,有利于孩子主动开展数学认知活动。 2. 提供丰富的生活资源,满足孩子多样化学习与探究和思考的需求;教学手段符合教学实际和需求;有效利用课堂生成资源。 3. 科学恰当地组织孩子开展独立探究、小组合作与交流等活动,组织得当,引导与指导到位。			
教学方法	灵活(25分)	1. 语言与肢体语言具有亲和力、感染力,思维清晰,语言精辟。 2. 教学设计与实践个性化。 3. 具有深厚的学术素养和数学文化底蕴,厚积而薄发。 4. 教学开放且调控得体、得力。			
综合评价					

二、创建"慧乐园",体会数学魅力

　　成立的"慧乐园",汇聚了数学老师和优秀孩子的智慧,是老师和孩子共同成长的沃土,旨在满足孩子对数学奥秘的探索、思维能力的培养,让孩子通过"慧乐园"在数学素养上有更大的提高,共同领略数学的神奇与魅力。

(一)"慧乐园"的实践与操作

　　"慧乐园"是由老师带头,引领孩子中数学爱好者形成的学习共同体。他们研发拓展课程内容,设置专题活动,进行数学专题研究,制订实施计划,商讨评价方案,与学生代表对话,对"慧数学"课程建设起到了积极的推动作用。

　　首先,乐园的成员要进行大量的数学阅读,对所学的数学知识掌握运用灵活自如。在数学的四个领域中,选择出不同的知识点作为研究的专题。专题研究是对于必修教学内容的延伸和提升,基本上每一个知识点都有延伸的空间。孩子根据自己的兴趣爱好进行自主选择,让孩子建立自信,并形成对数学积极的态度,达到事半功倍的效果。

　　"慧乐园"丰富的专题内容拓宽了孩子知识面,孩子感受到了数学的深奥与神奇。在研究的过程中,乐园的成员不但要大量阅读书籍,还要上网查找资料。有时,遇到棘手的困难,老师会通过各种渠道,与专家视频连线,解惑答疑。通过乐园的带领和培养锻炼,有效增强了孩子学习数学的兴趣,增强了勇于克服困难的信心。

(二)"慧乐园"的评价

　　"慧乐园"的评价同样是多元的,学生通过大量阅读,数学文化是否提升了数学素养;对课程设置是否有创新的想法;能将自己的所思、所感、所悟灵活地运用到生活中,应用意识和应用能力是否得到增强都是评价的维度。我们同样重视过程性评价,即所选专题的研究价值;专题研究过程的各项记录、照片、视频、体会反思等;研究方法的多样化和有效性,等等,定期的资料及成果展示作为阶段性评价。

　　"慧乐园"的评价有两个渠道:一是通过文化长廊的形式进行。文化长廊分4个区域,4个研究小组每完成一个研究专题,就会把相关的资料通过文化长廊展示出来,全校师生进行查阅。每个研究小组都有自己的名称、徽章、宣言以及小组章程。在宣言旁边设有"留言墙",看过他们的专题研究成果之后,有什么想说的都可以通过"留言墙"来进行传递,认同支持的可以留下笑脸。展示一周以后,以笑脸的多少来决定排名。通过"慧乐园"平台的搭建,有效地促进了孩子的成长。二是专题报告的形式进行。专题研究结束后,在多功能大厅向老师和孩子进行专题报告。报告的形式可以综合展示,静态和动态相结合。设置10个评委,由课程实施教师及学生代表组成,评出一、二等奖。

三、启动"慧之旅",丰富数学生活

数学源于生活,用于生活,生活处处有数学,数学蕴藏于生活中的每个角落。我们带领孩子走出教室,走进生活,把所学知识运用到生活中去,提升学生的数学应用水平。

(一)"慧之旅"的实践与操作

"慧之旅"是源于生活实践,又高于生活实践,并反过来作用于生活实践的一种研学之旅。它是机动多变的,参与的人员广泛,有教师、学生、家长还有部分社会人群。学以致用的不仅仅是数学能力,更多的是生活能力。

生活是数学的宝库,生活中随处都可以找到数学的原型。发现问题是开启"慧之旅"大门的钥匙,引导孩子联系生活学数学,习惯于用数学的眼光观察周围事物,处处留心发现数学问题。"为什么?"让孩子对生活充满惊奇,就像一颗颗小石头,投在孩子的心海,激起孩子的好奇心,激发孩子的求知欲,增加孩子的学习热情。每个孩子都有一本"问题银行",当在某时某刻突然发现身边有趣或不懂的事物,就及时记录在"问题银行",储存灵感。

深入地思考问题是"慧之旅"通往成功唯一的道路,没有思考,就没有真正的数学学习。借助孩子分享的"问题银行",选择孩子有研究价值的数学问题,分成小组,并引导孩子主动地运用数学观点分析思考,通过观察比较、操作实验和感性化的情境辅助,帮助孩子找到问题的原因,明白其中的道理,从而体验学习的快乐和数学的魅力。

用于生活,独立解决自己遇到的实际问题是"慧之旅"最终的目的。引导孩子把"储备"的知识进行吸收转化,达到实践应用,从数学中学到实际的生活能力,达到学以致用的教学目的。"慧之旅"课程具体安排如下(见表2-5)。

表2-5 "慧之旅"课程

年 级	课 程
一年级	分类中的数学
二年级	公交来了
三年级	建筑中的几何
四年级	超市小助手
五年级	小小精算师
六年级	天生我才

（二）"慧之旅"的评价

在实际生活中，只有丰富孩子的实践探究活动才能加深对数学知识的理解与应用。"慧之旅"的评价以激励为主，采用多种方式进行评价，如教师评价与孩子的自评、互评相结合，小组的评价与组内个人的评价相结合；小组之间开展经验交流与成果展示等，激发孩子对数学的学习热情。"慧之旅"评价标准如下（见表2-6）。

表2-6 "慧之旅"评价标准

评价项目	评 价 标 准	优秀	良好	合格
个人魅力	问题银行的存储量			
	有研究价值问题的个数			
	被选中进行小组研究的问题个数			
	研究过程中，是否有建设性的建议			
	能认真倾听和理解别人的想法			
团队精神	分工是否合理			
	每次的活动记录是否翔实			

评价项目	评 价 标 准	优秀	良好	合格
团队 精神	遇到困难的解决方法			
	研究的结果是否满意			
展示 交流	形式多样,引人入胜			
	内容全面,有所启发			
反思与 收获	能够提出有一定研究价值的问题			
	梳理收获,提升经验			

四、设立"慧社团",领略神奇数学

"慧社团"给学生搭建了一个展示自己的平台,满足了他们对数学知识的高度热情,激发了学生与数学之间的浓厚的感情,我们的数学社团在不知不觉中将学生引入奇妙的数学世界。

(一)"慧社团"的实践与操作

我们不仅有基础类和多样的嵌入类课程,也提供了丰富的选修类课程,充分尊重学生的选择权。开学初,"校本课程委员会"和数学工作坊的老师选定本学期的社团课程,在校园网上发布,学生通过网络选课报名,以尊重学生为前提,经过各方面协调,确定社团的任课教师以及学生名单。"慧社团"课程定在每周四下午,具体安排如下(见表2-7)。

表2-7 "慧社团"课程

地　　点	年　　级	社团名称
智趣数学工作坊	3—6年级	数星阁社团
二(4)班教室	1—2年级	绿芽社团
三(4)班教室	3—4年级	向日葵社团

地　　点	年　　级	社团名称
四(4)班教室	3－5年级	智多星社团
五(4)班教室	5－6年级	启智社团
六(4)班教室	5－6年级	华罗庚社团

(二)"慧社团"的评价

"慧社团"活动激发了学生学习数学的兴趣,陶冶了情趣、磨炼了意志、增进了同学间的友谊。其评价方式,有记录活动过程中学生各方面表现的量化评价表,也有学生对社团的问卷调查,了解学生对社团活动的期望,便于教师把握社团后期发展方向。"慧社团"评价细则如下(见表2-8)。

表2-8　"慧社团"的评价标准

评价项目	评　价　标　准	评价
过程评价	制定可行的管理制度、制订详细活动计划	
	活动主题、内容、形式有创新	
	活动组织井然有序,学习氛围浓厚	
	社团名册及活动过程记录翔实	
	活动照片及学生作品保存完整	
	教师的指导张弛有度,有针对性	
	每次活动结束后都有相应的总结、反馈、评价	
成果展示	展示形式丰富新颖	
	内容符合社团特点、全面完整	
	活动小组分工合作有序	
	有借鉴价值的经验与反思	

五、开展"慧节日",形成数学文化

"慧节日"丰富了校园的数学文化,提高了孩子的数学素养,营造出热爱数学、钻研数学的文化氛围。在节日的这一天,各年级的孩子热情高涨地融入数学的海洋中,最大限度地发挥自己的聪明才智,把严谨的数学知识变成了好玩儿的、有趣的各种活动。

(一)"慧节日"的实践与操作

3月14日是"国际数学文化节",它是为纪念中国古代数学家祖冲之而设立,其实在网络上流传的与数字有关的节日很多,如5月20日、8月8日、11月11日等,是网友们在数字象形、谐音的基础上,赋予其特意义的网络节日。数学文化节不但有其特殊的意义,也承载了许多数学文化。因此,我们也设立了"慧节日",为孩子提供展示自己智慧的平台,营造了浓厚的数学文化气息,提升了数学素养。

数学文化节的内容不是固定不变的,教师可以根据实际情况,重新创设有意义的节日内容。先拟定出数学文化节的名称由来、知识内容、实施计划、评价方法等,再由课程委员会及学生代表进行评议。"慧节日"实施过程要有仪式感,采用小组合作、家校联合的方式进行。"慧节日"课程具体安排如下(见表2-9)。

表2-9 "慧节日"课程

年级	节日	课程
一年级	数数节	加减有理
二年级	火柴节	乘胜追击
三年级	西游节	麦田数学
四年级	平方节	剖玄析微
五年级	金字塔节	统统有数
六年级	派节	"圆"远流长

我们安排每个年级的暑期作业中有一项是：收集整理出生活中你不明白的数学问题，个数不限，开学时提交给任课教师。由教师和孩子代表共同筛选出81个有价值的问题，在9月9日西游节上在校园中布置展示。如：钟表上为何不是24个数字？商场的商品价格为何都不是整数呢？手机、电视为什么都是长方形？孩子4人为一组，自由组合和教师协调相结合的原则。根据孩子的个人特征，选出组织能力强的为唐僧，思维活跃的为悟空，善于交际的为八戒，勤劳苦干的为沙僧。师徒四人共同选出感兴趣的题目，上报教师备份。4人合理分工，制订计划，商讨解决策略、适当求助，等等，并做好记录，教师要积极参与活动过程，做好指导。81天后，提交活动的结果，分年级进行评比。

（二）"慧节日"的评价

节日课程活动要规范化、科学化，构建适合孩子年龄特征的评价体系，能保证节日课程高效的开展，从而真正促进孩子的发展。由主管领导、课程委员会的老师和孩子代表组成评价小组，从三个方面对各个活动小组进行评价。评价人员分为3人小组，含领导一人。首先是资料查阅，然后在节日当天进行现场参与，最后是孩子座谈。"慧节日"评价标准如下（见表2－10）。

表2－10 "慧节日"评价单

小组人员		评价教师	
课　题		班　级	
项　目	评　价　标　准		评　价
活动内容 （30分）	难易适度，符合孩子的年龄特征		
	有趣味性，提高孩子的兴趣		
	有神秘性，激发孩子的好奇心		
	贴合生活实际，提高孩子解决问题的实践水平		
活动形式 （20分）	形式要生动活泼，把孩子引入求知的活动中		
	班班结合，数学知识与社交能力共同增长		

项　　目	评　价　标　准	评　价
活动形式 （20分）	家校结合，多方面开发资源	
	参与到社会生活活动中，提升多方面水平	
活动过程 （30分）	孩子参与积极，主体作用发挥好	
	各种能力增强循序渐进	
	教师管理有方，孩子活动有序	
活动效果 （20分）	孩子兴趣得到培养，个性特长得到发展	
	拓展了孩子的思维空间，培养了孩子的创新意识	
综合评价		

　　学校通过建构"慧课堂"，创建"慧乐园"，启动"慧之旅"，设立"慧社团"，开展"慧节日"等多种课程实施方式践行"慧数学"学科理念。"慧数学"特有的开放性和能动性，不仅较好地达成了课程目标，更丰富了课程内容的开发与实施，开拓了孩子的视野与思维，有利于孩子数学核心素养的发展，使每个孩子都能够得到全面发展，开启智慧人生。

第三章

活英语：在生动活泼的英语世界里漫步

活英语，"活"蕴含了我校英语教师团队对英语教学目标的最高理想，学生活用所学英语，讲述自己的生活，简单表达自己的看法。而英语的"活英语"，即 Vivid English，"V"即 Valid（有效的），"I"即 Imaginative（想象的），"V"即 Valuable（有价值的），"I"即 Improving（提升的），"D"即 Different（不同的），表明我们对英语教学内容和教学方式的选择，选择有效的教学方式，有价值的教学内容，从而促进学生想象力，使其获得长远提升，更具有自身独特性。"活英语"学科课程群主要包含"活交际、活阅读、活写作、活视听、活文化"五大板块，让每个学生体验活力的英语世界。

目前,学校英语科组有教师 18 人,其中广州市骨干教师 1 人,小学一级教师 4 人,研究生学历 2 人,本科学历 16 人。教师团队是一个充满活力的团队,35 岁以下占了多数。普遍学历比较高,有较深厚的理论基础。英语教研组老师积极参与各种教研活动、培训和比赛提高自身的教学素养,在 2018 年广州市"一师一优课,一课一名师"活动中,袁丹、周翠娟老师获得市级和区级优课,在黄埔区 2019 年攀登英语师生风采大赛中新港小学获得二等奖。教师之间相互分享学习各自的教研学习或培训学习内容,逐渐形成了具有本校特色、教师风格、有共同主张的并且较为系统的英语学科教学。新港小学英语教研组认真研读《义务教育英语课程标准(2022 年版)》,结合本校实际,推进"活英语"课程群建设,"在生动活泼的英语世界里漫步"的理念扎实落地。

第一节　与世界打个招呼

英语作为基础教育中的一门课程,对于学生未来接触更加广泛的世界有着重要的作用。对英语学科的哲学认识体现了我校英语教育的价值观。

一、学科价值观

《义务教育英语课程标准(2022年版)》指出:"义务教育英语课程体现工具性和人文性的统一,具有基础性、实践性和综合性特征。学习和运用英语有助于学生了解不同文化,比较文化异同,汲取文化精华,逐步形成跨文化沟通与交流的意识和能力,学会客观,理性看待世界,树立国际视野,涵养家国情怀,坚定文化自信,形成正确的世界观、人生观和价值观,为学生终身学习、适应未来社会发展奠定基础。"[①]

基于此,我们认识到英语的学科价值在于发展学生的语言综合运用能力和提高综合人文素养。英语核心素养是课程育人价值的集中体现,是学生通过课程学习逐步形成的适应个人终身发展和社会发展需要的正确价值观、必备品格和关键能力。英语课程要培养的学生核心素养包括语言能力、文化意识、思维品质和学习能力等方面。语言能力是核心素养的基础要素,文化意识体现核心素养的价值取向,思维品质反映核心素养的心智特征,学习能力是核心素养发展的关键要素。核心素养的四个方面相互渗透,融合互动,协同发展。英语学科不能仅仅关注语言本身,还应该关注学习策略的运用,切实提高学生的学习水平,引导学生学会学习,而不仅仅是学会英语语言知识点,另外语言之外的思维品质和文化品格的锤炼也值得我们重视。

二、学科课程理念

根据《义务教育英语课程标准(2022年版)》的英语学科理念:1. 发挥核心素养的

[①] 中华人民共和国教育部.义务教育英语课程标准(2022年版)[S].北京:北京师范大学出版社,2022:1.

统领作用;2. 构建基于分级体系的课程结构;3. 以主题为引领选择和组织课程内容;4. 践行学思结合、用创为本的英语学习活动观;5. 注重"教—学—评"一体化设计;6. 推进信息技术与英语教学的深度融合。① 我们认识到英语学习必须立足于学生,结合实践与实际,发展学生的综合语言运用能力。

　　而传统英语教学过于强调英语的工具性,而忽略了英语的人文性;过于强调机械操练,而忽略了学生创造性;过于强调读与写,而忽略听与说;过于强调语言结构,而忽略语境功能。因此,英语教学过程中,我们倡导"活教活学""活学活用",我们将"在生动活泼的英语世界里漫步"作为我们的课程追求。教师不断提升自身的专业知识素养和教育教学素养,理论联系实际,立足于学生开展我们的教育教学工作,真正做到"教学有法,教无定法,贵在得法",能够构建富有活力的课堂,激发孩子的学习热情和思维,引导学生正确认识自己,认识英语学科,端正学习态度,增强学习的自主性和主动性,积极探究,从而找到适合自身的学习方式,灵活学习,灵活运用,不断超越自我。"活英语"课程理念,也就是"Vivid English"课程理念。"Vivid"有活泼的、生动的、灵动的含义,暗含了我们对英语学习的美好愿景——学生在英语学习过程中是活泼灵动、主动积极的,同时在英语的学习中培养良好习惯,形成乐观向上的心态,最终成长为一棵棵苗壮茂盛的大树。"Vivid"包含了五个字母,分别表达了不同的含义。第一个"V"即 Valid(有效的),第一个"I"即 Imaginative(想象的),第二个"V"即 Valuable(有价值的),第二个"I"即 Improving(提升的),表示提升的主动性和持续性。"D"即 Different(与众不同的)。这五个方面既包含了我们对英语教学的理想要求,对英语教学内容和教学方式的选择,也包含了对学生发展的期待。

(一) Valid 有效

　　有效指的是教学的有效性。教师教学内容、教学方式有效,学生学习方法有效是提高教学质量的重要途径。英语学习一直成为许多学生老大难的问题,比较本校学生各科学习情况,发现英语学习总体情况不容乐观,学生对英语有较大的畏难情绪,学生的听说读写都存在一定的困难,尤其是词汇记忆困难,句子结构难以理解,运用不理想,学习效率不高,同时学生用时少,分配不合理,家长又难于辅导。针对这种情况,迫

---

① 中华人民共和国教育部.义务教育英语课程标准(2022 年版)[S].北京:北京师范大学出版社,2022:2-3.

切要求我们改变现状。经过一段时间的课堂观察和教研活动,逐渐意识到教师课堂的教学内容比较零散,机械操练较多,留白少,学生思考空间较小,学生思维不活跃,英语话题意识不强,语境不连贯,语用不统一。有些学生缺乏主动性、自主性、迁移性。面对这种情况,我们紧跟英语学习理念的发展变化,不断尝试,共同努力寻找有效的英语教学,逐步形成具有我们特色的整体教学,增强话题意识,创设语境,突显语用,增加学生学习英语的互动性、趣味性和创造性,将课堂时间更多地还给学生,让学生更多地参与课堂活动,从而提高课堂学习效率。

(二) Imaginative 想象

想象是创造的起点,是理想的翅膀。英语学习注重语言的迁移运用,如果不能达到这个要求,英语的学习极有可能缺乏实践性。如何帮助学生灵活地将书本的文字、课堂的知识迁移到现实生活的情景中,一直以来是英语学习的重要研究内容。为此,综合运用现有信息技术视音频,创设真实语境,提供良好的语言环境,让学生能够体验英语的运用,因此我们必须积极开展真实的课堂教学实践活动。除了40分钟课堂,还必须利用课外资源,进行延伸,比如开展一年一度的外语节、全校英语戏剧表演、故事绘本阅读等活动,能够让学生在活动中感悟语言,发挥想象,运用所学的知识,创造性地运用语言来表达自己的所思所想。

(三) Valuable 有价值

英语的价值一直是我国许多英语学习者探究的一个问题。英语学习有用吗? 这也一度是网友们争论的话题。当今时代,全球化趋势不可阻挡,意味着我们的教育必然遵循邓小平所提出的"教育要面向现代化,面向世界,面向未来"。习近平总书记提出了构建人类命运共同体,跟世界的接触更加紧密,我们更加应该以一种国际视野动态地看待英语的学习,英语的学习是面向未来的学习,学习英语是为未来储备能量。英语学习不仅是一种外语语言知识的记忆储存,也培养了学生思维,拓宽了学生视野,加强了对不同文化的理解,提高了对世界不同文化的认识水平,提高学生的人生格局。这意味着教师不只是传授语言知识,而且要引导学生感知语言背后的人文性、价值性。

(四) Improving 提升

任何学科的学习都是为了能够提升学生自身文化素养,发展学生各种能力。英语的学习同样如此,必须重视学生的全面发展,全面提升。教师提升自身专业素养,提高教学水平,开发有效课程资源,运用多种教育教学手段,拓宽英语学习渠道,采用科学的评价方式,从而促进学生的发展。我们的新课程改革的核心理念是"为了每一个学生的发展",要求我们要密切关注每一个学生的发展,每个学生在不同领域不同方面的发展,做到每个时期都有不同的进步和提升。

(五) Different 不同

学生是独特的人,每一个都是独一无二的。根据多元智能理论,学生的潜能是多样化的,学生的发展方向是开放的,我们要根据学生特点因材施教。不同的学生有不同的学习需求,存在个体差异,我们需要极大限度地满足个体需求。英语教学过程中,教师能够灵活运用教学方式,通过视、听、说、读、写、玩、演、唱等多种形式,尽可能满足不同学生需求的学习方式,营造开放舒适的学习环境,极大地调动学生学习的主动性、积极性,促进学生能够合作学习、自由探索。

总之,"Vivid English"英语课程理念需要教师提高自身教育教学素养,灵活运用教学手段,增强课堂的真实性和鲜活性,运用科学的灵活的评价方式,注重学生过程性和终结性评价相结合的发展性评价。同时,英语的学习内容应该是生动活泼的、有价值的,学生的学习也是活泼的、主动的、富有创造力的,培养学生自信有责、豁达向上、至善至美的品质,在轻松愉悦的氛围里和世界对话。

第二节 享受活力四射的英语

确立学科课程目标是构建学校英语学科课程建设的基础。为此,我们仔细研读了《义务教育英语课程标准(2022 年版)》,结合学校实际确立了我校英语学科课程目标。

一、学科课程总体目标

《义务教育英语课程标准(2022 年版)》提出总目标:"学生应通过本课程的学习,达到如下目标:

1. 发展语言能力。能够在感知、体验、积累和运用等语言实践活动中,认识英语与汉语的异同,逐步形成语言意识,积累语言经验,进行有意义的沟通与交流。

2. 培育文化意识。能够了解不同国家的优秀文明成果,比较中外文化的异同,发展跨文化沟通与交流的能力,形成健康向上的审美情趣和正确的价值观;加深对中华文化的理解和认同,树立国际视野,坚定文化自信。

3. 提升思维品质。能够在语言学习中发展思维,在思维发展中推进语言学习;初步从多角度观察和认识世界、看待事物,有理有据、有条理地表达观点;逐步发展逻辑思维、辩证思维和创新思维,使思维体现一定的敏捷性、灵活性、创造性、批判性和深刻性。

4. 提高学习能力。能够树立正确的英语学习目标,保持学习兴趣,主动参与语言实践活动;在学习中注意倾听、乐于交流、大胆尝试;学会自主探究,合作互助;学会反思和评价学习进展,调整学习方式;学会自我管理,提高学习效率,做到乐学善学。"①

从中,我们认识到英语学科的目标就是提高学生的综合语言运用水平,而综合语言运用能力的形成离不开核心的语言知识和语言技能的学习,以及语言学习过程中涉及的文化意识的渗透和文化素养的养成。情感态度和文化意识都是人文素养中具体的两个方面,看不见,更无法量化,都是语言的学习过程中长期积累慢慢形成的,润物细无声。在我们的教学过程中不仅关注语言结构和语法知识,也要留意人文的渗透,这就要求我们设计课程框架需要综合设计,挑选适当的教学内容和教学方式,教学策略,设计有效的教学活动。

新港小学英语教研组认真研读了《义务教育英语课程标准(2022年版)》,结合本校实际,和我们的"在生动活泼的英语世界里漫步"课程追求,制定了以英语核心素养中的语言能力为骨架,发展学生活学活用英语的语言运用能力为目标,搭建我们整个课程框架。通过寻找有效的教学内容、教学方式以及教学方法,发挥学生的想象力,让学生能够运用语言表达自己的所思所想,引导学生感知语言的人文性、价值性,提升学生的素质,发挥学生的能力,因材施教,尽可能调动每个孩子学习英语的主动性和积极性。为此,我们从语言技能目标、学习策略、文化意识三个方面设立了我们英语学科课程的总目标,让孩子们享受活力四射的英语。

(一)语言技能目标

一为能听。掌握一般文体的听力技巧,能听300字左右的文段,能听一些比较简

---

① 中华人民共和国教育部.义务教育英语课程标准(2022年版)[S].北京:北京师范大学出版社,2022:4-5.

单的原版电影音像资。二为能说、能读。能对 300 字左右文章进行阅读,掌握基本的阅读技巧,能朗读课文,或跟课文相似的文段,能借助工具书阅读绘本(50 本以上)以及简单的原著(3 本以上),做到语音语调断句正确,能抓住意思,进行复述或就课文或名著简单表达自己的观点,对文章进行简单的评析。三为能写。学生能够工整书写,字体漂亮,养成良好的书写习惯。能运用所学知识准确地用笔头表达课文中要掌握的内容,能就一些绘本或名著发表自己的观点,对名著的人物或情感细节进行简单的评析,或者是续写。

(二)学习策略

掌握一定的学习策略,比如听的策略,抓住五个"W"法对听的内容进行剖析,抓住一些人物时态等方法。阅读的策略,比如在原文寻找答案,相同或相近意思的转换,英语数字与阿拉伯数字之间的转换,有些必须充分理解的整体的策略。书写的策略,比如完整书写句子的策略,而且能把这些策略运用于平时的英语学习过程中。

(三)文化意识

通过小学阶段的语言知识的掌握以及各种技能的训练,学生应该是自信的,愉悦的。通过阅读视听赏析,学生的视野是开阔的,情感是饱满的,既有爱国情怀,又能认识接纳包容不同的文化。

二、学科课程年级目标

《义务教育英语课程标准(2022 年版)》中指出了义务教育阶段的小学学段目标,即一、二年级阶段的目标,结合学校实际教学情况,我们制定了分学段课程目标,此处列举一、四年级为例(见表 3-1)。

表 3-1 "活英语"课程目标(节选)

一年级	上学期	Unit 1 Hello, I'm Andy	1. 语言知识目标:能听说读 Hello, good morning, I'm ..., My name is ...,能说五个动物的名字。 2. 语言技能目标:简单介绍自己的名字。能用 What's your name? 询问他人名字。

一年级		Unit 2　I have a new bag	1. 语言知识目标：能听说读 pencil，book，bag，ruler，rubber，pencil-case，new，tooth. 　　能说 I have … It's new. 2. 语言技能目标 （1）能说出学习用品的英文名称。 （2）能在图片支持下认读单词。 3. 情感态度 　　通过游戏、歌曲、展示，促进孩子们的积极性。
		Unit 3　count from one to ten	1. 语言知识目标 　　能听说读：1—10 的英文单词，cat，doll，dog，teddy bear. 　　能说、用 I have … How many …? 2. 语言技能目标 （1）能够说 1—10 的数字。 （2）能够询问数量。
		Unit 4　I like green	1. 语言知识目标 　　能听说读：green，orange，pink，black，red，yellow，blue，purple. 　　能听说：What colour is it? It's …. 　　　　　　I like …? 2. 语言技能目标 （1）能用简单句子描述自己喜欢的颜色和物品颜色。 （2）能简单询问颜色并且回答。 3. 学习策略 　　通过介绍孩子们周围的颜色，切身感受英语的可用性，增强孩子的学习兴趣。
		Unit 5　Here is my scooter	1. 语言知识目标 　　能听说读抄写：plane，car，puzzle，train，scooter，skip rope，cap，watch. 　　能听说：Do you have …? Yes，I do./No，I don't. 2. 语言技能目标 （1）能够询问他人是否有什么东西。 （2）能够表达自己拥有的东西。 3. 学习策略 　　通过情景游戏，猜测别人手中、书包中的物品，增强学习兴趣。

上学期	Unit 6　I can jump	1. 语言知识目标 　能听说读: lion, monkey, rabbit, elephant, kangaroo, fish, 　　　　　　 bird, run, jump, walk, fly, swing. 　能听读说: Andy is a monkey. He can jump. 2. 语言技能目标 （1）能根表达动物的名称。 （2）能描述动物可以做的简单动作。
一年级 下学期	Unit 1　I love my family	1. 语言知识目标 　能听说读: father, mother, sister, brother, baby, finger, tall, 　　　　　　 short, big, small, grandpa, grandma. 　能听读说:（1）Where are you? Here I am. 　　　　　　（2）Who's this? My mother. 　能区分 he, she 2. 语言技能目标 （1）说出家庭成员的称呼。 （2）能用 This is … He's/she's tall, short, small, big 描述家庭 　　成员。 （3）能够用 I love …表达对家人的爱。 3. 情感态度 　通过描述家人, 用简单句子表达对家人的爱, 增强孩子们对 家的热爱之情。
	Unit 2　Come to my house	1. 语言知识目标 　能听说读: sleep, eat, play, watch TV, living-room, bedroom, 　　　　　　 kitchen, washroom. 　能听读说:（1）Where is …? In …. 　　　　　　（2）Let's …. 2. 语言技能目标 （1）描述家里不同房间常做的活动。 （2）能询问回答东西、人物在哪里。 3. 情感态度 　通过描述自己的家, 和游戏活动, 孩子们增强对家的认识 能力。

一年级	下学期	Unit 3　This is my room	1. 语言知识目标 能听说读：room, door, floor, desk, chair, bed, in, on, under, behind. 能听读说：（1）…. is under the bed. （2）What is it? （3）It's a chair. 2. 语言技能目标 （1）能够说出佳句的单词。 （2）能用 in, on, under, behind 简单描述物品位置。 （3）能够听指令 Put … in/on/under/behind your ….做出相应的动作。
		Unit 4　What do you see?	1. 语言知识目标 能听说读：sofa, closet, sink, toilet, table, fridge. 能听读说：（1）Where is …. （2）It is in/on/under/behind …. 区分 it, it's 2. 语言技能目标 （1）能够说出房间设施的单词。 （2）能简单描述物品的位置。
		Unit 5　I want a pet	1. 语言知识目标 能听说读：furry, scary, fast, slow, spider, duck, mouse, frog, turtle, feed. 能听读说：（1）Is it a …? Yes, it is./No, it isn't. （2）I have a pet. It's 颜色. （3）It's big/small/fast/slow … It can … It goes …. 2. 语言技能目标 （1）能简单说出本单元几个动物的名称,简单描述这几个动物的外貌。 （2）用 I want …表达愿望。 3. 情感态度 通过对动物的了解,和鼓励孩子表达自己喜欢的动物,增强孩子对动物的爱护意识。

一年级	下学期	Unit 6　I want ice cream	1. 语言知识目标 能听说读：noodles, chicken, hamburger, French fires, tea, milk, orange juice, water, apple, orange, banana, ice cream, cake, cookie, apple pie. 能听读说：What do you want? 　　　　　I want …. 2. 语言技能目标 （1）能够说出本单元的食物单词。 （2）能询问并问答想要的食物。 3. 情感态度 通过表达对食物的喜爱,提高孩子对生活的热爱。
四年级	上学期	Module 1	1. Grammar & Communicative Function 能用方位介词介绍一个地方的布局。There is/are a…; Is there …? Yes, there is./No, there isn't; Where is…? It's in/on/under/between/…the…; What's in/on…? 2. Vocabulary 四会词语 bedroom, draw, next, next to, window, door, computer, pink, flower, map, between, for minute, close, right, wrong, now, open, clock, floor, sofa. 二会单词 near. 3. Phonics Sh, a, ar, ay, a-e 4. Learning outcome 学生能够用利用所学单词,短语和句子口头和笔头介绍一个地方的布局,能够询问一个地方的布局摆设。There is/are a…; Is there …? Yes, there is./No, there isn't; Where is…? It's in/on/under/between/..the…; What's in/on…?
		Module 2	1. Grammar & Communicative Function 能够理解并记忆各个房间的功能并能够简单介绍一个地方或者一类房间。Are there any…? Yes, there are./No, there aren't; How many …do you have in your bedroom?..like to do sth; Welcome to… 2. Vocabulary 四会词语 welcome（to）, house, come, come in, living room, love, Here it is!, wow, study, large, kitchen, clean, beautiful, toilet, garden, building, after, after school, live, bathroom, shower, take a shower, meal, have meals, watch, read, do homework, do one's homework, grow one.

四年级	上学期	Module 2	二会单词 flat. 3. Phonics Ch, e-e, e, ee, ea 4. Learning outcome 学生能够用目标语谈论某人的房子, 并且能够说出这个房间的房间名与具体功能。Are there any...? Yes, there are./No, there aren't; How many ...do you have in your bedroom? ... like to do sth; Welcome to...
		Module 3	1. Grammar & Communicative Function 通过本模块的学习, 能够向他人发出邀请, 并学习如何回应他人的邀请。 （1）Making a suggestion：Let me（show you my new school）. （2）Stating position：It's ... （3）Asking for location：Where is ...? （4）Talking about usual activities at a place：We sometimes... （5）Ask and talk about quantities： 　　— How many ... are there? 　　— There are...in ... 2. Vocabulary School, library, computer room, music room, classroom building, teachers'room, dining hall, gym, teaching building, Cardinal numbers from one to fifty. 3. Phonics l, ll, i-e, i, ir, igh. 4. Learning outcome （1）ask for the location of a place, room, etc. （2）Tell the location of place, room, etc. （3）Ask and talk about quantities. （4）Describe a place that they are familiar with. （5）Pronounce words containing the graphemes l, ll, i-e, i, ir, igh. （6）Sing the song and read the rhyme in this module.
		Module 4	1. Grammar & Communicative Function 本模块是描写自己喜欢的科目, 学生通过问答, 彼此了解大家最喜欢科目, 并能说出喜欢的原因。在教授新知识的过程中, 复习 How many 的句型结构, 做到新授与巩固相结合, 本模块的句型：How many stars does each group have? It has... starts. How many subject do you have? I/We have...subjects.

四年级	上学期	Module 4	I like to …. I like …best. My favourite subject is…. 2. Vocabulary 四会词语：class 班，star 星，does 助动词（无实际意义），each 每个；各 group 组，blackboard 黑板，see 明白；看见 Let me see. 让我想想。winner 胜利者；赢家 Chinese 中国的；中国人；中国人的；汉语 maths 数学，best 最好，subject 学科，favourite 最喜欢的，write 写，story 故事，about 关于；大约 What about.? ……呢？ And you? 你呢？ everything 所有事情（东西），每样事情（东西）learn 学习，sing 唱歌，song 歌曲，sport 体育运动，science 科学，understand 了解；懂得，world 世界 3. Phonics c，o-e，o，o，or，oa，ow，ou 4. Learning outcome 在情境的创设下能运用英语描述自己喜欢的科目以及原因。
		Module 5 Clothes	1. Grammar & Communicative Function 在购买衣服的情景之下学习掌握衣物名称以及购物用语。适当表达自己的爱好。Can I help you? What can i do for you? Do you like …? How much is…/are …I like… I don't like…. I'll take ….I won't take… Here is/are …Good bye! 2. Vocabulary 四会词语：clothes，T-shirt，blouse，much，very much，how much，hundred yuan，too expensive，will，won't，take，jacket，cap，coat，shirt，dress，skirt，grey，sweater，help，shoes，pair，a pair of，I'll，them，anything，else，all，sock，trousers，shorts，wear. 二会单词 jeans. 3. Phonics Wh，u-e，u，ur 4. Learning outcome 在购买衣服的情景之下学习掌握衣物名称以及购物用语。适当表达自己的爱好。Can I help you? What can i do for you? Do you like …? How much is…/are …I like… I don't like…. I'll take ….I won't take… Here is/are …Good bye! 主要句型要求四会掌握。
		Module 6 Occupations	1. Grammar & Communicative Function 学习对未来职业的描述，以及原因。主要句型询问职业句型 What do you want to be when you grow up? 以及回答 I want to be …I'm good at …My favorite subject is ….I like to

四年级	上学期	Module 6 Occupations	谈论父母的职业 What's your father's/mother's job? 回答 He/she is a … Do you want to be a…like your…? 以及回答 2. Vocabulary 四会词语：painter, when, grow up, be good at, sick, nurse, cook food, builder, build, doctor, policeman, reporter, news, job, factory, worker, like his, writer, tell her, driver, drive, pupil, women, farmer, man, make machine. 二会单词 occupation. 3. Phonics J, g, th, ng, y 4. Learning outcome 在情景之下进行职业问题谈论。主要句型要求四会掌握。
	下学期	Module 1	1. Grammar & Communicative Function 2. Vocabulary 3. Phonics 4. Learning outcome
		Module 2	1. Grammar & Communicative Function 2. Vocabulary 3. Phonics 4. Learning outcome
		Module 3	1. Grammar & Communicative Function （1）Asking about the day of the week：What day is it today? （2）Telling the day of the week：It's … （3）Asking someone why he/she likes a particular day：Why do you like …? （4）Using gerunds to refer to activities, e.g., playing sports （5）Refering to a day of the week with "on" （6）Adverbs of frequency：usually, always, sometimes, never, often. （7）Position of the adverd of frequency in a sentence. （8）Communicative function： —Asking for examples：Like what? 2. Vocabulary Help my parents, do housework, clean the kitchen, do my homework, go shopping. Favourite, goal, timetable.

四年级	下学期	Module 3	3. Phonics Tr, dr, nk, i, ind, wr. 4. Learning outcome （1）ask and answer questions about the days of week （2）Ask someone why he/she likes a certain day of the week （3）Give reasons why one likes a certain day of the week （4）Use adverds of frequency to say how often a person does something （5）Use gerunds to refer to activities （6）Pronuonce words containing the graphemes j, th, ng, and y. （7）Sing the song and read the rhyme in this module.
		Module 4	1. Grammar & Communicative Function 2. Vocabulary 3. Phonics 4. Learning outcome
		Module 5 Sports	1. Grammar & Communicative Function 现在进行时态谈论最喜欢的运动以及原因,学习疑问句 What are you doing? What's your favourite sports? Why? What do you like doing? 回答 I am …ing . My favourite sport is…I am ..I can… 2. Vocabulary 四会词语: fun, basketball, football, think, skate, table tennis, try, jump, the long jump, high, the high jump, tennis, chess, arm, volleyball, fast, water, bath, take a bath, clever. 二会: badminton, kung fu. 3. Phonics Ph u uy 4. Learning outcome 在情景之下进行谈论运动的话题,熟练运用句型进行听说读写的练习四会掌握主要句型和单词 What are you doing? What's your favourite sports? Why? What do you like doing? 回答 I am … ing . My favourite sport is… I am ..I can…
		Module 6 Celebrations	1. Grammar & Communicative Function 学习句式:

四年级	下学期	Module 6 Celebrations	When is your birthday/Christmas..? My birthday/Christmas is on….On my birthday/Christmas…. 2. Vocabulary 四会单词：was, be, born, January, present, card, go on, party, candle, cake, February, March, April, August, June, November, Christmas, December, already, soon, lot, lots of, dress as, dress up as, Father Christmas, July, summer holiday, May, Mother's Day, September, Teachers' Day, October, Spring Festival. 二会单词：celebrations, Halloween. 3. Phonics qu, ts, ds, y 4. Learning outcome 在情景之下学习包括生日,以及圣诞节、母亲节、教师节、春节等节日庆祝活动的描述,学习节日的时间及主要活动。学习节日礼仪,学生能大方得体待人接物。主要句型要求四会掌握。

第三节　以一个新的视角看待世界

我校英语学科课程群的实施,是基于《义务教育英语课程标准(2022 年版)》对基础课程的强化与夯实。它包括了多样的相对固定的形式与时间的"短课程",也有贯穿一至六年级的"长课程",我们希望孩子在经历英语学习历程后,能以一个新的视角看待世界。

一、学科课程结构

《义务教育英语课程标准(2022 年版)》中提出了由主题、语篇、语言知识、文化知识、语言技能和学习策略等要素所构成的课程内容框架。《义务教育英语课程标准

（2022 年版）》指出："课程内容的六个要素是一个相互关联的有机整体,共同构成核心素养发展的内容基础。其中,主题具有联结和统领其他内容要素的作用,为语言学习和课程育人提供语境范畴;语篇承载表达主题的语言知识和文化知识,为学生提供多样化的文体素材;语言知识为语篇的构成和意义的表达提供语言要素;文化知识为学生奠定人文底蕴、培养科学精神、形成良好品格和正确价值观提供内容资源;语言技能为学生获取信息、建构知识、表达思想、交流情感提供途径;学习策略为学生提高学习效率、提升学习效果提供具体方式方法。"①而课程内容的六要素也指引着校本英语课程内容框架的构建。

我们更深入解读,发现其核心要素还是语言知识和语言技能,也就是语言能力。学习策略是为了促进学生进一步提高语言水平,主题、语篇和文化知识目标的实现也是在语言能力增强过程中才能逐步实现的。这六个要素的基础其实就是语言能力。《义务教育英语课程标准(2022 年版)》中的语言知识包含了语音、词汇、语法语篇和语用知识,语言技能包括听、说、读、看、写等基本技能,这些技能也被划分为理解性技能和表达性技能。我校英语教学现有广州版教研社教材,低年段还参与攀登英语模式实验,紧跟本区 phonics 教学、绘本教学和名著阅读,此外根据本校学生特点,各教师也努力研究,提出各自意见和建议,分享各自的教学方式方法和教学资源,建立了有本校特色的资源库。基于课程标准中的课程内容和我校自身的特点,英语科组提出了自己的课程框架,包含五个部分:活交际、活阅读、活写作、活视听和活文化。"活英语"课程结构图如下(见图 3-1)。

五个部分相互联系,内容有所沟通,但是每个部分都有其侧重点。活交际侧重于口语交流,偏向于学生说的技能,内容也是日常对话;活阅读侧重于阅读理解,培养学生的阅读技能以及获取信息的能力;活写作侧重于写的技能,偏向于语言结构和语言特点的感知、理解和运用。活视听侧重学生的视听能力的培养,尤其是听力技能;活文化,更加体现了英语的综合能力的展示。

（一）活交际

活交际,即口语英语,侧重培养学生的日常交际用语,关注了英语基本技能中的听

---

① 中华人民共和国教育部.义务教育英语课程标准(2022 年版)［S］.北京:北京师范大学出版社,2022:12-13.

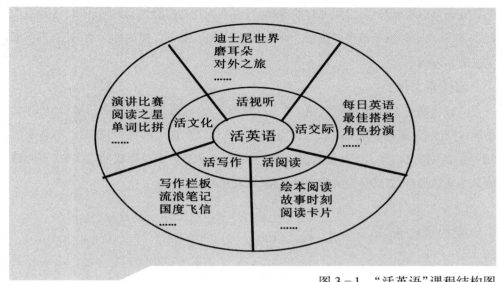

图 3-1 "活英语"课程结构图

和说。一、二年级低年段,主要有广州版口语教材和攀登英语口语教材。学生能够听懂并简单进行对话。为此,我们开展了 Greeting happily 和 Likes world 课程。三、四年级教学主要是对话,以话题为引领,学生简单运用所学句子讨论相关话题。五、六年级除了对话,还增加个人演讲部分。内容逐步叠加,形式逐渐改变,呈逻辑上升趋势。

(二)活阅读

活阅读关注学生的读写技能。阅读主要有三个层次:Reading for understanding(理解),Reading for thinking(思考),以及 Reading for writing(写作)。根据各年级的学生特点,我们准备了相应的阅读资料,通过长期的阅读,不断增强学生的获取信息的能力、培养学生批判性思维和书写能力。

(三)活写作

活写作糅合词汇、语法、句子和篇章知识结构,是学生学习英语逻辑的体现。活写作具有极大的灵活性,以主题为引领,以内容为骨架,以语言为肌肉,话题灵活,从模仿到创造,尽可能发挥学生的想象力,书写学生喜欢的语言。

(四)活视听

活视听主要有课堂视听活动和课外活动,课堂上,教师灵活运用信息技术,创造一个良好的英语视听环境,学生通过观看视频,观察人物动作表情和对话环境,认真听人物语言,从而更加准确地理解语言。课外通过英语角、英语广播站等活动,进一步拓展学生的实际运用。

(五)活文化

活文化侧重于提高学生听、说、读、写、看等能力,并且提供学生展示平台,培养学生的自信风采,锻炼学生英语综合运用能力。在活文化这个模块中,我们针对各年级的学生学习情况设计了多种形式的赛事,学生在这个平台中经历成功或失败,不断锤炼学生坚忍品格,鼓励学生大胆表达自信、展现风采。

二、学科课程设置

依据我们"活英语"课程理念,努力"让每个学生体验活力的英语世界",我们对学校英语学科课程进行系统构建,设置了一至六年级 12 个学期的课程,具体如表 3-2。

表 3-2 "活英语"课程设置表

年级	学期	活交际	活阅读	活写作	活视听	活文化
一年级	上学期	开心问候 Greeting happily	彩色世界 Colourful word	自我介绍 Self-introduction	攀登歌曲 Pandeng songs	歌曲大赛 Songs game
	下学期	"喜欢"世界 Likes world	大猫阅读 Big cat reading	我喜欢的 My likes	一起歌唱 Let's chant	阅读之星 Reading star
二年级	上学期	每日英语 Everyday English	Phonics 故事 Phonics story	书写超人 Handwriting superguys	迪士尼世界 Disney world	阅读之星 Reading star
	下学期	吟诵童谣 Let's chant	绘本故事 Picture book stories	每日一句 Daily sentence	迪士尼世界 Disney world	拼读小达人 Spelling genius

年级	学期	活交际	活阅读	活写作	活视听	活文化
三年级	上学期	日常对话 Daily time	拼图阅读 Jigsaw reading	英语三句半 English sentences	肢体语言解密 Gesture declassifying	阅读之星 Reading star
	下学期	角色扮演 Role play	故事时刻 Story time	写作栏板 Writing board	磨耳朵 Sharping ears	单词大比拼 Words games
四年级	上学期	最佳搭档 Best partner	绘本阅读 Picture book reading	绘本制作 Making a picture book	观看总动员 Watching guys	阅读之星 Reading star
	下学期	朗朗上口 Reading quickly	流浪绘本 Wandering picture book	流浪笔记 Wandering notebook	英语角 English corner	单词大比拼 Words games
五年级	上学期	演讲时分 Speech time	美读能人 Beautiful reading	家人的信 Family letters	对外之旅 National tour	演讲比赛 Speech match
	下学期	小小广播员 Little announcer	日记分享 Dairy sharing	国度飞信 National letters	游园大会 Garden party	单词大比拼 Words games
六年级	上学期	新闻报道 News report	阅读卡片 Reading card	思维导图写作 Mind-map drawing	聆听诗歌 Poem listening	阅读之星 Reading star
	下学期	天气预报员 Forecaster	阅读汇报 Reading report	短诗仿写 Poem writing	名人博物馆 Celebrities museum	单词大比拼 Words games

三、学科课程内容

学校根据各年段实际情况设置了不同的英语课程,一至六年级的课程基本呈螺旋上升的趋势,这与教材的教学内容结构是一致的。

一年级,学生入门阶段,大多数基础为零。这个阶段,学生主要是以听说学习为主,重要的是磨耳朵,感知英语,激发对英语的好奇和热情。上学期主要开展了"开心问候""彩色世界""自我介绍""攀登歌曲""歌曲大赛"等课程。"开心问候"目的在于学生会日常的问候语;"歌曲大赛"则是为了让学生感知英语旋律和特点,激发学生兴趣;"彩色世界"主要是希望学生通过颜色表达出周围所有物品的颜色特点,滚动学习物品新单词。这三个活动都是临近期末的攀登展示活动的内容。"攀登歌曲""自我介绍"是每日短课程,10分钟听、唱,日常磨耳朵;10秒的课前介绍培养学生语言运用能力和自信心。下学期有"'喜欢'世界""大猫阅读""我喜欢的""一起歌唱"等学习活动。这学期学生开始学习如何表达自己的喜好,为此专门设置了"'喜欢'世界""我喜欢的"增强学生口头表达能力。学生也已经掌握了不少的词汇,能够阅读简单的图文,于是设置了"大猫阅读",利用早读或者午读的10分钟,看七八句话的故事。"一起歌唱"和"阅读之星"都是小组形式进行比拼,前者是唱,后者是对话表演。

二年级学生开始认读单词,书写字母,这也涉及phonics的学习。在对话歌曲的学习基础上增加了阅读和书写。设置了"每日英语",即课前小对话;"Phonics故事",主要是观看相关动画片感知字母发音;"书写超人",多彩多姿字母的展示,学生通过绘画更深刻了解字母结构;"迪士尼世界",通过看迪士尼动画片,学生能够猜测故事情节从而推测单词意思;"我型我秀",攀登英语节目表演大赛,师生编排节目,一同表演,学生在"玩中学"。"吟诵童谣",学生吟诵朗朗上口的歌谣,是下学期期中开展的一项节目表演。"绘本故事",也就是"大猫阅读"的下一个系列故事。

三年级学生开始拼读、书写单词,学习句式和简单的笔头写作,尤其是Phonics的学习需要达到"见词能读""听音能写",难度进一步加深。设置的课程主要有以下几个。"日常对话"和"角色扮演",主要是学习课本对话后,学生能创作同一个话题新的对话内容。"拼图阅读","故事时刻",学生能够小组完成阅读任务。"英语三句半",学生能够用三四句话写一个小作文,"写作栏板"是优秀作文展示活动。肢体语言解密,通过观看纯英文视频,解码故事。脱口秀,学生能够进行一个简单的演讲。单词比赛是全校性比赛。

四年级学生学习了更多的短语和句式,对于听说读写的要求水平进一步提高。对话方面主要有"最佳搭档""朗朗上口"活动,主要是锻炼学生的口语能力,这一年里学生有着固定的对话搭档,完成各项对话任务。"绘本阅读"是指学生在早午读开展绘本阅读活动,"流浪故事"则是指学生看完绘本之后放入班级英语阅读书柜,其他学生继续借读。"绘本制作"是小组一学期内制作一本绘本,"流浪绘本"则是下学期各小组阅读其他小组制作的绘本。"观看总动员",学生迪士尼动画片改换成英语儿童电影,周五中午播放。歌唱大赛是学期末英语节目。四年级学生已经可以申请参与英语角活动。"单词大比拼"是全校的一次单词比赛。

五年级学生对于读写的要求更加高,陆续开展名著阅读活动、朗读活动。开设了一些相关的课程。比如,"演讲时分""美读能人""演讲比赛""小小广播员"等,都是从不同方面锻炼学生的朗读以及美读能力,学生能够达到流畅、优美、动人的较高阅读水平。五年级开始涉及信的体裁,为此开展了写信活动,如"家人的信""国度飞信""日记分享"写给家人或者朋友。"对外之旅",学生出国交流学习,感受英语国家魅力,能够更加深刻理解英语的作用。"游园大会",学生通过学校游园展示活动,展示自己最佳英语作品。"单词大比拼"属于全校性的年度比赛。

六年级学生开始接触更多体裁的篇章,如新闻、诗歌,更加侧重篇章学习。于是对应开展了更多阅读写作的活动。比如"新闻报道"天气预报,生活化用语,也是常见篇章。"阅读卡片""阅读汇报"是对假期名著阅读活动的分享。"思维导图写作""短诗仿写"锻炼学生运用语言的精准度。"聆听诗歌",课前一学生吟诵自己准备的一首短诗,吟诗大赛,学生选择自己喜欢的诗歌朗读。"名人博物馆",收集六年级一年以来接触的名人传记,制作名人卡片介绍,班级开展名人博物馆活动。"单词大比拼"仍是全校固定的年度赛事。

这些课程都是围绕课程标准和教材内容所设计的,同时结合本校资源和学生特点制定了具有可操作性的课程,螺旋式上升,年段特点分明,符合学生的学习规律,也有利于教师明确教学目标,改善教学。

第四节　换个方式和世界对话

英语学科课程是中小学一门重要的课程。结合学校和师生特点,"活英语"学科课程群从"活课堂""活赛事""活交流""活节日""活社团"五个方面设计课程的实施与评价,力求让孩子在妙语连珠里意气风发,换个方式和世界对话,认识世界的同时丰富自我。

一、构建"活课堂",提高课堂教学效率

活英语课堂是依据我校"日新文化"打造的一个英语特色课堂。"活课堂"注重学主体性、主动性和探究性,是开放式的、动态的课堂,富有童趣、和谐、灵动和活力的特点。"活课堂"的实施经历长期磨炼,探索出以主题为载体,以话题为核心,以情景为框架,以多媒体为辅助,以观评课为抓手,打造一个充满生命活力、生活气息的课堂,贴近学生生活,激发学生想象,提升学生学习的愉悦感,促进学生积极参与课堂活动,大胆开口,自信表达。

建设我校"活课堂",我们主要从基本要求、具体实施、评价反馈三个方面出发。

(一)"活课堂"的实施与操作

为保证"活课堂"的实施,我们每个月都会定期开展"活课堂"教研活动,分学段,分主题,围绕"活"出发,结合教师风格,不断完善课堂教学模式。此外,教师积极学习,邀请专家点评,参与区教研活动,观摩优秀课例,努力提高教师的教育教学素养,更新教育理念,逐步推进"活课堂"迈向更高层次。

为了打造切实可行的"活课堂",我们集中从三个方面展开。首先,更新教师课堂理念。科组订阅了《英语学习》《基础教育参考》《外语教学与研究》等月刊,还有《小学英语分级阅读》,攀登英语实验相关书籍等。在每次的集体备课上,我们会分享各自理解的教育教学理念与方法,尤其是一些可以适用于本校英语教学的教学方法。其次,为了构建具有本校特色的"活课堂",英语科组增加了集体备课的数量,基本上是每周一次全校的英语教师集体备课,各年级教师至少有一次集体备课。同时提高了听课频率,每位老师每周领取听课表,完成听课任务,研究一堂课,在科组会议的时候提出与研究。从课型、课时、课堂氛围、课堂纪律、课堂问答、教学组织、教学技巧、板书、教师表现和学生表现等方面细致研究,争取提升每位老师的课堂质量。最后,为了更进一步提高课堂质量,教师积极对外交流。学校邀请了越秀区的专家指导本校老师,英语科每个月就举行一次全校公开课,上午展示三节课,下午集体点评,结束后收集保存各位老师的听课表和评价表。每年教师积极争取外出学习的机会,区级、市级、省级和全国性的教师比赛、或英语教学会议,回来后会进行集体学习,以点带面,整体提升师资力量。

（二）"活课堂"的评价与反馈

我们设计了"活课堂"的评价量表,以量化的方式对课堂进行评价,同时增加了开放性评价,听评课后,听课教师填写该表交给执课教师,给予执课教师反馈,评价量表如下(见表3-3)。

表3-3 "活课堂"评价量表

指标及权重 评价要求	优	良	合格	待合格
	完全达到	基本达到	部分达到	少量达到或未达到
活力 （20分）	1. 尊重学生主体地位。 2. 关注学生学习感受。 3. 话题情景创设合理。 4. 课堂活动设计恰当。			
	15—20分	10—14分	8分	8分以下
丰富 （20分）	1. 创造性使用教材。 2. 合理运用多媒体技术。 3. 文化氛围浓厚。			
	15—20分	10—14分	8分	8分以下
开放 （30分）	1. 教学方式多样,提高课堂效率。 2. 多种评价方式,促进学生成长。 3. 学生情绪饱满,积极投入;支持、尊重同伴。 4. 学生乐于表达个人感受,勇于批判,善于创新。			
	25—30分	20—24分	15—19分	15分以下
逻辑性 （30分）	1. 课堂设计合理完整。 2. 重点难点突出,内容层次分明。 3. 难度梯度明显,综合考虑不同层次学生。			
	25—30分	20—24分	15—19分	15分以下
评 价				
总 评	优:100—90分	良:89—70分	合格:69—60分	待合格:60分以下

二、开展"活赛事",提供学生展示平台

我们的理念是"让每个孩子体验活力的英语世界",增加英语应用能力训练,培养学生国际跨文化意识,为英语学习拓宽了学习方式与途径。

(一)"活赛事"的实施

从学科课程维度看,结合本年度的主题,每年开展各种英语节活动,例如英语阅读之星比赛、英语口语大赛、英语单词拼读大赛、英语剧视听活动、英语课本剧表演等。为保障赛事的实施,我们主要从以下几个方面出发。

一是赛制的常态化和规范化。赛事申请、审批和举办都有一定的规章制度和流程。两位老师负责赛事的举办,一人负责方案,经过科组会议同意后,另一人跟进项目的申请和审批。接着,科组长统筹分工。例如,单词大比拼赛事中,袁老师负责方案策划,黄老师负责申请审批,项目通过后,科组长傅老师安排每个年级单词比赛卷子的出题老师和改卷老师,商讨制定改卷标准,统筹整个过程。每一类赛事都有专门负责的老师,赛事分为常规型和特殊型,常规的有单词竞赛、阅读之星,口语大赛和英语书写比赛,这几类每年固定时间举办。特殊型的比赛具有临时性和新颖性,根据学生出现的新变化、英语教学变化和学校活动的展开,例如英语话剧嘉年华、英语故事会、英语手抄报比赛。

二是赛事参与人员。为了确保赛事的公平公正,学校成立了专家评审团,由教师和家长组成,除了英语老师,每场赛事还邀请了其他科组的老师和一些家长作为观察组。赛事确定后,发出邀请函,确定参与人员,负责老师向观察人员介绍本次活动。另外负责的老师会组建学生观察团,从不同年级、不同班级邀请学生参与。当学生成为研究人员的时候,他们学习效率会非常高,学生通过对参赛学生的表现,发现他们的优缺点,深入理解英语语言的结构和含义,实现英语学习的高度互动性。例如,英语口语大赛主要涉及看词说句和问答两个环节,评审团主要由英语老师组成,评审团的打分占总分的60%,评审完成后,两个观察团会参与点评和晋级评选,他们的打分占总分的40%。

三是赛事的结果奖励。每场赛事设置规范的奖励制度,对参赛选手、参与的老师、家长和学生进行评选奖励。例如,英语故事会中,参选的学生根据成绩获得不同级别的奖励;根据表现,参与的老师获得最佳评委的奖励,参加的家长获得友好观察员奖励,参与的其他学生获得最佳小观察员的奖励,充分调动各方的积极性和参与性,促进

比赛的良性发展。

（二）"活赛事"的评价

本课程坚持过程性评价与形成性评价相结合的原则,重结果,更重过程,充分发挥学生的积极性与主体性,从而使学生更加大胆地展示自己的独特的风采。本课程坚持过程性评价与形成性评价相结合的原则,设置以下赛事评价反馈表,通过对学生、老师、家长的本学期反馈认真分析,以评价促发展,促进"活赛事"的进一步发展。具体评价标准如下(见表3-4)。

表3-4 "活赛事"评价反馈表

评分指标	非常满意	比较满意	一般	待改进	建议
1. 英语比赛的时间、地点安排是否合理。	非常满意	比较满意	一般	待改进	
2. 英语比赛的频率是否合适。	非常满意	比较满意	一般	待改进	
3. 英语比赛活动内容是否丰富有意义。	非常满意	比较满意	一般	待改进	
4. 英语比赛是否有效促进学生发展。	非常满意	比较满意	一般	待改进	

三、开展"活交流",开启学生对外之旅

基于"在生动活泼的英语世界里漫步"的课程理念,我校致力让学生活学活用英语,通过拓宽英语学习渠道,丰富学生课外知识。"纸上得来终觉浅,绝知此事要躬行",读万卷书更要行万里路,我校每个寒暑假均组织一次英语游学课程。

（一）"活交流"的实施

本课程由英语科老师牵头带领,以高年级学生为主体,到国内外学校交流学习。同时我们也邀请国内外学校的老师和同学甚至家长来我校参观。我校学生在与外校的交流过程中,不仅提高英语运用水平,也锻炼了为人处世的交际能力,更拓宽了学生

的国际视野,秉持大国意识和端正小主人翁的姿态进行对外交流与合作。

(二)"活交流"的评价

本课程坚持诊断性评价、形成性评价和结果评价相结合的原则,通过诊断性评价选择合适的学生,在游学过程中以学生的自主学习、合作探究为基础进行形成性评价,评价内容更加侧重于对学生英语交流的水平提升,对学生的游学效果进行结果评价,具体评价标准如下(见表3-5)。

表3-5 黄埔区新港小学学生游学表现评价量表

评分标准	评价细则	优秀	优良	良好	一般	待改进
英语运用能力	表达流利、沟通顺畅、文明用语	9—10分	7—8分	6—7分	4—5分	1—3分
人际交往能力	态度积极、团结协作、张弛有度	9—10分	7—8分	6—7分	4—5分	1—3分
文明礼貌	彬彬有礼、乐于助人、环保意识	9—10分	7—8分	6—7分	4—5分	1—3分

四、建设"活社团",增强学生学习兴趣

基于"在生动活泼的英语世界里漫步"的课程理念,我校成立了"活社团",旗下包括了英语俱乐部、英语广播站和英语角这三个分社团,每个分社团都配有一位指导老师。"活社团"以学校支持为引领,以教师组织为支撑,以学生自主选择为主体,促进"活社团"的开发和实施逐渐规范化、制度化。

(一)"活社团"的建设

英语俱乐部分社团囊括了英语学科的许多比赛、节日和影音欣赏。以年级为单位,在学生中开展"英文歌唱比赛""英文朗诵大赛""role play"大赛和"讲故事比赛"等,增强同学们驾驭英语的能力,提高同学们自身表达水平和英语口语应用水平。每个月播放一次英文原声电影,让孩子们通过观看电影领略西方文化,培养跨文化意识,

提高孩子听与读的水平。同时,高年级孩子观看电影后用简单的口语或书面语表达观看的感想。邀请外国朋友跟孩子们互动,做游戏,交流,介绍外国文化等。例如,带领孩子们一起做西餐,介绍外国的传统节日等。开展"英语书香节"活动,让孩子们关注阅读爱上阅读英语书刊。通过书香节的活动,让孩子们交换各自的英语读本,分享英语阅读的乐趣,培养孩子终身阅读和英语思维的习惯。

建设英语广播站。每周固定两天利用中午放学和下午放学时间,让孩子们利用英语广播去营造一个良好的英语学习氛围。孩子们尝试用英语做天气预报,讨论社会热点和开展学校班级的宣传工作等。此外,播放英语歌曲,让更多的孩子享受音乐、享受英语。为了促进广播站发展,我们制作了相应评价表,获得更多学生和老师的积极评价,从而不断改进英语广播站工作。

学校每两周举办一次英语角活动,老师们给出相应的主题和创造出真实的英语情境,让孩子们相聚在一起开心地用英语去交流和分享。同时,老师与学生共同制作了活动评价表。

(二)"活社团"的评价

我们对"活社团"的评价主体主要包括学生、教师和家长,评价内容主要包括社团的管理机制、活动赛事、学生成长和教师发展这四个方面。学期开始,社团公布本学期活动方案,并且进行调查问卷,收集学校老师、学生和家长的意见和建议,根据众人的意见和建议,适当调整本学期英语活社团的活动内容和具体计划。学期末,再次发放调查问卷,同时进行团员交流总结会、社团成果展示,访谈老师家长,得到这一学期英语活社团的评价和反馈。为此,我们从四个维度设计了一份"活社团"的评价表(见表3-6)。

表3-6 "活社团"评价量表

评价指标	评 价 标 准	教师评 30%	家长评 30%	学生评 40%	综合得分
管理机制 (25分)	1. 有规范、健全的管理成员。 2. 有充足的活动场所。 3. 指导老师组织完善。 4. 活动申请、审批、开展规范化。				

评价指标	评 价 标 准	教师评 30%	家长评 30%	学生评 40%	综合得分
活动赛事 （25分）	1. 社团活动常态化、规范化。 2. 社团活动形式丰富多样。				
学生成长 （25分）	1. 增强学生英语学习兴趣。 2. 开阔学生视野。 3. 增强学生合作能力。 4. 增强学生自信和深化学生的自我认识。				
教师发展 （25分）	社团指导老师能热心于学生社团发展，并能定期、有效地指导学生社团开展活动。				

五、举办"活节日"，浓郁英语文化氛围

围绕我们的课程理念"在生动活泼的英语世界里漫步"，我校开展了一年一度的"外语节"活动，浓郁英语文化氛围，增强学生的世界文化意识。

（一）"外语节"活动的开展

围绕课程目标，为了进一步激发学生对英语学习的兴趣，开阔学生国际视野，提高学生英语的听、说、读、写能力，我校积极开展"外语节"系列活动。例如："一带一路文化周"活动，外语节暨迎亚运活动；"走进童话王国"活动；"外语节"暨西班牙文化周活动等。活动形式多样化，例如：组织学生阅读童话英语故事，指导学生完成童话英语故事阅读卡，进行童话角色扮演比赛，收集国家介绍、美食、风景、特色、经济、农作物、旅游等方面知识，通过绘画、抄写、知识问答、环看世界等形式进行比赛等。通过这一系列内容丰富、形式多样的活动，调动学生的参与积极性，突出互动性，以使学生们在"外语节"中有最大的收获。借此活动的契机，营造浓厚的英语学习氛围，分享英语教学成果，展示学生的英语才能，让每个孩子找到自己身上英语学习的潜力，增强自信心，增强开口讲英语的能力，努力培养学生的创新精神和实践能力。

（二）"外语节"活动的评价

为了提高"外语节"活动的实效性,更有针对性地开展活动,学校制定了"外语节"活动评价量表,以期通过进一步的反馈,完善"外语节"的各项活动。评价量表具体如下(见表3-7)。

表3-7 "外语节"活动评价量表

评分标准	评价细则	评 价 等 级			
		A	B	C	D
活动主题（20分）	突出主题 有创意性	15—20分	10—14分	5—9分	1—4分
活动内容（20分）	内容丰富 形式多样	15—20分	10—14分	5—9分	1—4分
活动的时间地点和人员安排（20分）	时间地点恰当 人员安排妥当	15—20分	10—14分	5—9分	1—4分
活动的效果（20分）	吸引力强 学生兴致高	18—20分	16—17分	12—15分	10—11分
综合评分（20分）	演员相互配合性、默契性 观众的反应效果	18—20分	16—17分	12—15分	10—11分

六、开展"活阅读",滋润学生纯净心田

阅读,是获取知识的最佳方法;阅读,是滋润心田的不二选择;阅读,是培养智慧的不可或缺的途径。基于我们的课程理念"在生动活泼的英语世界里漫步",结合区英语的"会阅读,爱阅读"活动,我们开展了具有本校特色的英语"活阅读"活动。

（一）"活阅读"的开展

为了促使学生能够增强英语学习的兴趣,提高学习英语的水平,本校英语科组就

英语"活阅读"的活动开展进行了多次商讨、教研、或外出学习,终于结合本校的具体情况,勾勒出"活阅读"的蓝图,并迅速实施。结合学生的身心特点、知识能力和家庭资源,我们确定了不同年段的阅读计划。首先,内容方面,一、二年级开展绘本阅读,图多文字少,生动有趣,渗透了 phonics 的单词学习,有利于学生 phonics 的系统学习,同时,还能够通过阅读有趣简单的故事,帮助学生树立学习的信心。三、四年级从绘本阅读逐步过渡到拓展阅读。对比绘本阅读,拓展阅读的故事围绕不同的主题,文字篇幅增长,图片略减,更加侧重学生的情景英语学习和表达自己观点的能力。到了五、六年级,则是进行名著阅读,在学生已经掌握一定英语语言的情况下,鼓励学生阅读英语名著,感受英语国家的人文风情。其次,活动形式方面,除了日常课堂上的阅读指导,统一时间,充分利用 20 分钟午读,以带读、默读、朗读等不同的方式引导学生阅读。此外,鼓励学生参加学校"英语阅读之星"比赛,增强学生的阅读成就感。

(二)"活阅读"的评价

为了促使"活阅读"能够顺利进行,英语科组设计了"活阅读"的评价维度和评价方式,以此调控"活阅读"的进展情况。并且从学生的学习程度、教师的引导程度、阅读内容的设置和活动的实施方式几个维度出发,力求落实"活阅读"。英语"活阅读"的评价量表具体如下(见表 3-8)。

表 3-8 "活阅读"评价量表

评价指标	评 价 标 准	优	良	中	差	综合评价
学生的学习程度	1. 学生提高了一定的阅读英语文章的水平。 2. 学生能够大体理解阅读内容。 3. 学生能够掌握一定的阅读技能。					
教师的有效引领	1. 教师能够带动学生的阅读热情。 2. 教师能够帮助学生掌握一定的阅读技能。					
阅读内容的设置	1. 内容丰富。 2. 生动有趣。 3. 适量适度。					

评价指标	评 价 标 准	优	良	中	差	综合评价
"活阅读"实施方式	1. 有固定的阅读时间和地点。 2. 有效的阅读激励方式。 3. 有专门负责的"活阅读"教师团队。					

第五节　在妙语连珠里意气风发

一、价值引领

　　"活英语"课程群的核心价值是引领每个孩子体验活力四射的英语世界,在与英语的多维度接触中迸发出学习英语的热忱。敢于开口说英语,乐于说英语,达到活学活用是我们英语课程群的最终目标。在学校"让孩子经历一百个世界"的价值理念的统领下,我们志在培养用英语促进中西方文化交流的日新少年。我们希望新小的每个少年沉浸在充满欢乐和活力的外语语言世界中。从丰富多样的英语校园赛事和对外交流活动,到每年一度的外语节,孩子们走进一个又一个新奇的异域国度。通过直接或者间接的语言体验,深化孩子们对英语的内在感受,提升孩子们对异国文化的了解。

二、教师团队建设

　　我们学校英语科组现有教师 14 人,其中小学一级教师 4 人,研究生学历 3 人,本科学历 11 人,广州市骨干教师 1 人。教师团队学历全部达标,教师团队年轻,有活力,35 岁以下年轻老师有 10 人,占了大多数。而且教龄 5 年以下的占多数,10 年以上不多。这五年内招聘新入职的老师有 3 人毕业于华南师范大学(其中 1 人硕士研究生学历),1 人山西师范大学(硕士研究生),1 人广州大学(硕士研究生学历),所有老师都是英语师范专业，都具有良好的英语专业素养。他们理论知识扎实，有良好的理论基础，他们好学上进，认真教学，努力实践，积累经验。针对这些情况，我们科组主要采取下列措施，进行提升教师的专业素养。

（一）新教师培训。每年8月，黄埔区教育局，新港小学都会组织新教师培训，时间一周，内容包括班级管理和专业知识，专业素养，团队合作等培训。

（二）科组内校本教研培训。科组老师首先扎根于基础教学，在一线教学实践中发现问题，积极在科组内讨论研究，参照经验，翻阅文献，查找依据，解决问题，寻求教育教学的新渠道和方法。

（三）进行结对子拜师活动。为了有针对性地培养教师教书育人的环境，我们科组采取以老带新，一带一或一带二的形式拜师结对，把新教师带起来，使新老师尽快成长起来。

（四）区内外教研听课、评课活动，了解教科研动态，学习区里教师先进的理念和教学方法，教学手段，获取教学灵感，指导自己的教学实践。

（五）组织老师到上海学习，吸取上海英语教学的精华。

（六）根据我们的教学实验项目攀登英语，我们又多次派老师去北师大学习，到北京著名学校学习参观，亲身体验感受攀登英语的乐趣和成就。

（七）组织老师学生到国内外交流，并且邀请国内外的老师来学校进行指导。我们不但去英国，还去瑞典、挪威，而且邀请国外教师，邀请香港姊妹校同行到学校进行参观访问交流。

（八）我们定期把专家请进来进行学校指导，采取上课评课讲座的方式，进行有针对性的指导，使老师的教学水平得到很大的提高。

三、制度构建

一所学校的制度是其特色及文化的体现。制度能规范人们的行为，保证良好的秩序，是各项工作顺利开展的重要保证，进而推动学科、学校稳定而持续进步。而科学的、积极的制度建设，能促进学校发展。让师生们有章可依，有章可循。

我校英语学科工作机制，本着以教学质量为重，以学生发展为主的原则，推动教师合作，集体备课，整合资源，发挥1+1大于2的作用。同时，充分运用行动研究法，每学期与校外知名专家进行三到五次的教学研讨,切实解决各种教学难题,调动教师工作和研究的积极性,提高教师的专业水平,增强教师的实践能力。本学科教师积极参加省内外培训,对外交流活动,加强教师专业知识的先进性与持续发展性。

四、资源整合

英语学科的资源整合对于日常教学,学生英语综合素质的提高起着基础性作用。资源的整合能有效地提高教师工作效率、教学质量以及教学研究,同时为学生提供更多的资源,进而促进英语学科教与学的全面发展,这是具有现实意义的一项举措。

英语素养的提高,是一个深层次、多方面的过程,同时,要求英语教师要有"一桶水,才能给学生一杯茶"。科组专门设立刊物角,方便教师及时接触到国内外先进的英语教学研究,与时俱进,促进学科的持续发展。此外,科组设立云资源库,共享每位教师的资源,并进行分类排序,推动学科资源立体化、便利化。

五、校本教研管理

在教学实践中教师要最大限度地发挥自身的作用,要让学生主动参与到教学活动中来,引导学生学会选择与主动发展,加强课程内容与学生生活,以及现代社会和科技发展的联系,注重陶冶学生的高尚情操,只有这样,才能促进学生的全面发展,服务学生的终身成长。新港小学英校本教研管理要点如下:

(一) 低年级攀登英语教学

为了适应新课程改革的需要,促进学生学习方式的转变,增强低年级学生的英语口语学习兴趣,学校开设攀登英语小本教学。攀登英语的理念是:快乐攀登,智慧教学,创新课堂,幸福成长。攀登英语与广州版口语教材相结合,开展攀登英语 sight words 主题教学,phonics 主题教学,低年级绘本教学。并且布置课室攀登英语文化墙,每月每周在班级和全校中评选"攀登之星"等。

(二) 中年级绘本教学与自然拼读教学相结合

三、四年级开展丽声拼读故事会绘本阅读,同时结合学生实际进行自然拼读教学,主要是大猫自然拼读。利用午读时间每周读一本绘本,读、讲、演、说相结合。

（三）高年级阅读与写作教学

阅读名著：*The Adventures of Tom Sawyer*（《汤姆·索亚历险记》），*Aladdin and His Lamp*（《阿拉丁神灯》），*Love or Money*（《爱情与金钱》），*The coldest Place in the World*（《世界上最冷的地方》），*The Wonderful Wizard of Oz*（《绿野仙踪》）。学生准备相关的纸质阅读书目，按要求进行指定书目阅读，并在教室指导下完成相关阅读任务和读后感。

"低年级攀登英语教学"和"中年级绘本教学与自然拼读教学"，以及"高年级阅读与写作教学"的开设，丰富了学校的校本课程，成为我校课改的一个亮点。研发和实施校本课程既培养了学生，又锻炼了教师。

六、信息化管理

在信息化快速发展的时代，广州市新港小学英语科教研团队主要运用以下信息技术辅助教学：网络教学研讨，建立专门的教学教研群，以及积极参与网络教研学习；以希沃为依托的多媒体教学，广播，微课，互联网资料收集与整理，手机 APP，电影，视音频等。

第四章

美音乐：赴一场唯美的音乐盛会

琴音绕耳畔，曼舞踏歌行；音韵迎朝霞，至美传真情。"美音乐"学科课程群创造性地设置了"悦·欣赏""跃·表演""乐·创造""粤·传承"四大板块，美妙的音乐轻轻撞击稚嫩的灵魂，沉浸感受乐音的冲突与和解，体验乐曲的虚实与变化，让孩子们从音乐初始入门的"赏"，至小有能力的"侃"，最终达到"创"，将这份对美的执着追求持之以恒地探索下去。孩子们在百步寻美中遇见、领悟、拥有敦厚美善的眼光，思考事情的角度，感知世界的能力。进而用音乐的角度感受生活，以乐为笔谱写生活的乐章，最终百步达美。

广州市黄埔区新港小学音乐教师团队涵盖了不同专业领域：声乐、钢琴、舞蹈、民乐，含 1 位研究生和多位 211 工程重点高校的本科毕业生。其中 4 位教师为北京柯达伊协会核心成员，学校成为黄埔区柯达伊"唱师班"定点学习单位。近年来，科组教师承担多节广州电视课程录制，执教多节"一师一优课"中获得市级优课；参与承办黄埔区音乐学科"柯达伊教学法分享"专题论坛，并在北京音乐家协会柯达伊音乐教学法能力水平测评活动中获得优秀成绩；指导多位学生在市、区器乐比赛、舞蹈比赛、合唱比赛中多次获奖。努力奋发、积极提升是音乐科组的优势，为学校课程开发提供有力保障。我们依据《义务教育艺术课程标准（2022 年版）》，推进音乐学科课程群建设，取得了可喜的效果。

第一节　在音乐里邂逅十里春风

《论语》有言："兴于《诗》,立于礼,成于乐。"人的仁德修养,从诗、礼、乐中来,也在诗礼乐中成长和完善。诗礼乐伴随着人生的整个过程,完善个体的精神,茁壮个体的人格。由此可见,音乐对提升孩子修养的重要性。琴音绕耳畔,曼舞踏歌行;音韵迎朝霞,至美传真情。我们的课程哲学为"美音乐"。

一、学科价值观

依据《义务教育艺术课程标准(2022年版)》精神,结合我校历史、文化、音乐学科的实际情况,我们以最美的音乐引导孩子们走进音乐世界,通过音乐教育让孩子感知美,体会美,探寻美。

在世界音乐殿堂中,有至圣至美的古典音乐,也有至高至尊的音乐大师。这些都将引领我们的孩子们感知美,步入神圣的音乐殿堂。而音乐教育中的实践、创造与学习,则是孩子们通往殿堂的手段与途径。教师给学生开蒙,以思维着的声音践行美育教育,使孩子们从音乐初始入门的"赏",至小有能力的"侃",能够对音乐发表自己的看法,最终可以达到"创",自己导演编创,表演,甚至将所学所感与音乐世界的宝贵财富保留传承。音乐艺术源于生活,高于生活,凌驾于生活之上的艺术,是没有生机的。至高的艺术只有扎根在生活的土壤里,才能生根发芽。

只有少数的、极致的美,才能成为经典。而教师的作用,就是展示音乐自身的美,在教学中帮助学生发现音乐美,体验音乐美;通过审美教育来陶冶心灵、塑造人格,使生活变得丰富多彩,这就是音乐教育的审美价值观。

探寻美,是美的延续,将这份对美的执着追求持之以恒地探索下去,探寻独特的音乐美和音乐感染力。

二、学科课程理念

《礼记·乐记》有云："凡音之起,由人心生也。人心之动,物使之然也。"音乐之效能,可以熏陶人,培养人,塑造人。音乐教育的初衷也是教会学生用感性的视角体会和感悟音乐,以及学会用理性严谨的方法分析音乐,从而培养学生敏锐的、丰富多样的感知力。而"美音乐"的课程理念,则将感知、体验、发现、创造音乐之美融合进整个课程设计中,培养学生具备"美"的能力。

"美音乐"是培养雅美的情趣。《礼记·乐记》有云:"凡音者,生于人心者也;乐者,通伦理者也。是故知声而不知音者,禽兽是也;知音而不知乐者,众庶是也。唯君子为能知乐。"培养一双拥有灵敏感知力的耳朵,一颗可以捕捉生活之美的心。拥有优雅的情趣是一生的宝藏,它藏在谈吐中,体态中,待人接物的态度中。

"美音乐"是培育寻美的能力。感受乐音之美,并且学会创造美的能力。艺术之妙在于感受与理性的技巧相结合,"美音乐"培育学生表达美的技巧,用自己的肢体、嗓音、双手来传达美,表达自己某个瞬间的感受和想要传达的情感,为孩子们打开一扇可以拓宽生命的维度,延伸生命的厚度之门。

"美音乐"是塑造敦美的人格。美妙的环境可以潜移默化地培育人、塑造人。美好的音乐可以培养人敦厚美善的眼光,思考事情的角度,感知世界的能力。让美妙的音乐轻轻撞击稚嫩的灵魂,感受乐音的"冲突""和解",以及多样的"虚实""明暗""高低""强弱"等变化多端的风格,塑造包容、敦厚、美善、健康的人格。

基于此,"美音乐"将致力于带领学生赴一场唯美的音乐盛会,邂逅十里春风,到达最美的彼岸。

第二节　在星辉斑斓里放歌

一、学科课程总体目标

《义务教育艺术课程标准(2022年版)》提出审美感知、艺术表现、创意实践、文化理解四个核心素养,是课程育人价值的集中体现,是学生通过课程学习逐步形成的适应个人终身发展和社会发展需要的正确价值观,围绕核心素养的要求,通过义务教育艺术课程的学习,学生应达到感知、发现等提高审美感知能力的目标;达到丰富想象、运用媒介等提高艺术表现能力目标;达到发展创新思维,提升创意实践能力目标;达到感受理解我国深厚文化底蕴,坚定文化自信目标;达到了解不同国家、地区历史与传统文化,学会尊重、理解和包容等五大目标。①

课程目标以"情感、态度、价值观,过程与方法,知识与技能"三个维度达成育人目标。为了实现这一目标的要求,我校提出"美音乐"的学科课程目标。通过对音乐课程的学习与实践,培养学生对音乐的兴趣与爱好,对音乐的多重感知、艺术欣赏、自信表演和积极创造能力。通过体验、模仿、探究与合作等手段激发学生领略音乐魅力,进而丰富学生的情感体验,提高他们的音乐文化素养、音乐审美,陶冶高尚情操,培养爱国主义情感,增强集体主义精神。发展学生音乐音高感、节奏感、结构感、音乐识别、演唱、演奏、创作等多种音乐基础知识技能之外,了解音乐历史与相关文化知识。沉浸感受乐音的冲突与和解,体验乐曲的虚实与变化,沉浸在音乐的美感之中,在星辉斑斓里放歌。

二、学科课程年级目标

根据课程标准的要求,依据教材教参和课程标准,结合我校音乐学科课程总目标和1-6年级的学情,我们设计了音乐课程年级目标。这里,以五、六年级为例(见表4-1)。

表4-1 "美音乐"课程目标(节选)

年级	单元	目 标
五年级上册	第一课	1. 能对合唱产生兴趣,乐于参与合唱的排练,享受合唱带来的愉悦。 2. 能用饱满的情绪和自然圆润的声音背唱二声部合唱曲《歌声与微笑》《在卡吉德洛森林里》,能倾听他人的歌声,基本做到声部平衡和谐;在演唱《在卡吉德洛森林里》时,能准确地表现歌曲中的顿音、渐慢、渐弱;欣赏童声合唱《飞来的花瓣》,初步了解童声合唱的演唱形式。 3. 能对指挥手势做出正确反应,并对合唱演唱活动进行自评与他评。

---

① 中华人民共和国教育部.义务教育艺术课程标准(2022年版)[S].北京:北京师范大学出版社,2022:6-7.

年级	单元	目　标
五年级上册	第二课	1. 能熟练地演唱歌曲《采莲谣》，并能准确地表现歌曲的情感。 2. 初步理解单拍子和复拍子的概念，能对单拍子和复拍子作出准确判断。 3. 能用声势、律动、划拍等方式感知拍的强弱规律。
	第三课	1. 能在歌曲演唱和竖笛演奏中感知音乐旋律的优美，喜欢参与歌曲、乐曲的表现。 2. 欣赏歌曲《歌唱祖国》（片段），用欢乐和充满青春活力的歌声熟唱歌曲《青年友谊圆舞曲》，听辨出歌曲的乐句结构和乐句终止感，感受旋律中的主音。 3. 进一步学习竖笛的基本吹奏方法，复习"5"的指法，学会"6"的指法，并能用"5、6"两个音按谱例要求为歌曲《虹彩妹妹》和《自新大陆》第四乐章音乐主题伴奏。
	第四课	1. 能根据歌曲中不同的音乐角色有感情地演唱歌曲《小熊过桥》，并会演唱歌曲中简单的二声部。 2. 能用图谱、律动等方法初步了解歌曲的结构（回旋曲式）。 3. 能与同学一起设计回旋曲式的游戏，并参与表演。 4. 能在琴键上认知半音、全音和基本音级的音程关系。
	第五课	1. 欣赏器乐曲《小号与弦乐》，并能随乐曲录音哼唱旋律。 2. 能模仿小号与弦乐器的音色，边听、边看，边击拍、边唱乐谱，培养内心节拍感和初步的识谱能力。
	第六课	1. 能热情饱满地演唱《我驾飞船上蓝天》，激发对"奇妙的太空"的向往之情。 2. 准确把握三拍子歌曲的节拍韵律，能读、拍教材第31页的节奏。
	第七课	1. 了解歌曲的齐唱、合唱演唱形式，并能用自然和谐的声音演唱歌曲，能用两种不同的情感表达方式演唱和表现歌曲《我们多么幸福》和《兰花草》。 2. 能正确体验和把握《我们多么幸福》和《兰花草》两首歌曲在音乐色调上的不同。 3. 在老师指导下了解大、小调音阶的排列，初步听辨大调和小调的音乐色调，能正确听辨出管弦乐曲《法朗多尔舞曲》中主题的调性变化。

年级	单元	目　　　　标
五年级上册	第八课	1. 简单了解新疆维吾尔族、藏族、蒙古族的音乐舞蹈特点,能对我国的民族民间音乐产生兴趣,并有主动探索的愿望。 2. 能用自然圆润的声音、清晰的咬字吐字、明朗活泼的情绪学唱《青春舞曲》,掌握新疆音乐独特的"XXXX"节奏。 3. 能熟练地听唱歌曲《再唱山歌给党听》和《鸿雁》,欣赏《弦子舞曲》,并随音乐跳简单的藏族舞蹈。
	第九课	1. 欣赏合唱曲《缆车》,了解地中海素有"音乐之多"美称的意大利音乐文化。 2. 欣赏法国军乐曲《马赛曲》,了解其历史背景并能哼唱乐曲的主题音乐。 3. 以饱满的热情学唱苏联歌曲《喀秋莎》,了解其被广泛传唱的历史价值。 4. 欣赏英国管弦乐曲《〈绿袖子〉主题幻想曲》,唱会并记住 A 部分的主题,听辨出乐曲的三大部分,并自选方式参与聆听体验。 5. 能用优美和谐的歌声背唱奥地利民歌《雪绒花》,感受影视歌曲中主人公的情感,能听辨出歌曲的结构图式。
	第十课	1. 能听辨出已学过的 4 种乐器:长笛、双簧管、单簧管、大管的音色,通过不同乐器的不同音色所塑造的不同音乐形象,激发对木管音乐的喜爱之情。 2. 能用律动、打击乐器等参与《牧童短笛》《牧羊姑娘》《单簧管波尔卡》《加沃特舞曲》等音乐片段的听赏活动,并记住音乐主题。 3. 聆听木管四重奏《生日歌》和《梁山伯与祝英台》,了解木管四重奏的演奏形式。
	第十一课	1. 欣赏歌曲《春晓》和《读唐诗》,了解音乐与诗歌结合的综合艺术形式,体验古诗词的文学形象和音乐形象的完美结合。 2. 能准确地演唱二声部歌曲《春晓》,感受音乐与古诗相融形成的和谐魅力,并能用自己的方式表现歌曲的意境。 3. 能用优美的声音演唱歌曲《读唐诗》,理解我国古诗词文化的博大精深。
	第十二课	1. 欣赏乐曲《惊愕交响曲》第二乐章主题与变奏,了解世界音乐大师海顿的生平和交响乐的音乐表现形式,并能从海顿的作品中感受作者创作意图。 2. 能哼唱和记住《惊愕交响曲》第二乐章的主题,初步了解变奏曲式。

年级	单元	目 标
五年级上册	第十三课	1. 能用轻快、富有弹性的声音演唱歌曲《银色的马车从天上来》,并在老师指导下演唱歌曲的合唱部分。 2. 能独立自信地演唱歌曲《踏雪寻梅》,并根据力度变化准确表现歌曲的意境。 3. 能用自己喜欢的方式参与小提琴协奏曲《四季》中《冬》第一乐章的欣赏活动;能用语言表达自己对乐曲音乐形象的感受。
	第十四课	1. 了解我国的民间传统文化十二生肖,记住名称、排序及由来。 2. 学用"快板"的形式说十二生肖。 3. 能活泼风趣地演唱《十二生肖趣歌》,主动参与游戏活动,并进行即兴表演。
五年级下册	第一课	1. 能够对我国的创作歌曲及器乐作品感兴趣,激发民族自豪感,并乐于关注音乐中的旋律、伴奏与织体。 2. 能够用良好的合唱习惯熟唱二部歌曲《红星歌》《卡农歌》;了解音乐中的旋律、伴奏与织体。 3. 听辨出《红星歌》中单旋律和带有伴奏的旋律两者之间的不同;从女声独唱《映山红》、男声独唱《嘉陵江上》、小提琴协奏曲《楼台会》三首曲子中领悟两类主要的音乐织体形式,认知音乐织体变化与结构的密切关系。
	第二课	1. 体会在欣赏交响音画作品中带来的美感及精神上的愉悦。 2. 基本了解交响音画这种音乐体裁,体会音乐意境及特定的音画形象;认识俄罗斯作曲家鲍罗丁;熟唱《在中亚细亚草原上》两种不同风格的主题,感受这两个主题各自的风格和美感。 3. 两组同学跟随着乐曲同时哼唱两个不同的主题,从中体会复调织体的美感以及在乐曲中发挥的作用。 4. 进一步学习竖笛的基本吹奏方法。复习"6(a)"的指法,学会"7(b)"和"i(e2)"的指法,并能用"7、T"两个音,按谱例要求为歌曲《唐老伯有个小农场》和《加花·变奏》音乐主题伴奏。
	第三课	1. 认知新的节奏型"XX",并能在节奏练习"读读、拍拍"和歌曲中正确地拍、读、唱出来。 2. 背唱歌曲《蜗牛与黄鹂鸟》《放牧归》,能用准确的声音和情感表达歌曲的情绪,注意节奏"XX"在歌曲演唱中的运用。 3. 在演唱、律动、歌舞剧表演等艺术实践活动中,提升音乐的表现水平,培养热爱大自然,学习蜗牛不畏艰难,对奋斗目标执着追求的顽强精神和动物和谐相处的美好情感。

年级	单元	目　　　　标
五年级下册	第四课	1. 知道"旋律的重复与模进"是音乐创作的基本手法,并能在今后的音乐作品中关注这一基本手法,在音乐创作中愿意尝试运用。 2. 熟唱歌曲《夏日泛舟海上》,能选择合适的演唱方法或与同学合作表演等方式,富有激情地演唱《夏日泛舟海上》这首歌曲。 3. 能听辨出两条旋律哪一首是重复,哪一首是模进;会分别写出《茉莉花》和《土风舞》前四小节的重复句和模进句;感知《夏日泛舟海上》中旋律的重复与模进,并能找出课后练习 3 种旋律线的原型与模进。能独自完成编创活动"我的创作",并以小组交流学习的形式将自己编创的乐句相互学习分享。
	第五课	1. 了解声乐演唱形式的特点,领略声乐演唱形式的艺术魅力。 2. 知道声乐的演唱形式有:独唱、齐唱、重唱、对唱、合唱;合唱的演唱形式有:童声合唱、同声合唱、混声合唱、无伴奏合唱、领唱合唱(一领众和的形式)、小合唱等。
	第六课	1. 对京剧艺术产生兴趣、乐于主动探索有关京剧的基础知识,热爱我国传统文化瑰宝。 2. 初步分辨京剧脸谱(色彩、对比、夸张)的特点及各代表人物;能够熟悉戏曲节奏和韵味,了解京剧西皮流水唱腔基本的特点。 3. 通过听、画、赏、唱等形式更好地理解京剧内涵,并能在表演中乐于与他人合作,共同体验我国独有的戏曲艺术魅力。
	第七课	1. 通过本课学习,感知新疆民族歌曲的独特风格和欢快、热烈的情感,热爱我国民族音乐。 2. 能够熟练演唱歌曲《打起手鼓唱起歌》,准确表达歌曲的情感;掌握弱起、复拍子的节奏节拍特点。能用声势、律动等表现形式表现新疆节奏;学习基本的新疆舞步。
	第八课	1. 从学唱歌曲《哦,十分钟》和《小鸟、小鸟》中激发对童年校园生活的热爱之情,感受作品所表达的活泼、欢快的情绪。 2. 能够自然、有表情地背唱两首作品,并在音乐听觉感知的基础上识读乐谱,分辨主歌及副歌部分,并能用不同的(力度、情绪、演唱形式等)方式处理主歌副歌的不同。 3. 复习音乐知识:弱起、十六分音符、切分音、八分休止符,能准确地演唱。通过本课学习能够与他人充分合作,增强集体意识。

年级	单元	目　　　标
五年级下册	第九课	1. 通过本课的学习,了解音乐大师莫扎特的生平,并能通过欣赏、学习作品,加深对其音乐作品风格的理解。 2. 感受《摇篮曲》优美抒情的意境,用柔美的声音演唱《摇篮曲》。观看有关音像资料,掌握《土耳其进行曲》的风格特点、哼唱音乐主题,体验、区分两首作品的不同风格。 3. 能在老师指导下自主挥拍唱准节拍乐谱;并能在老师带领下用游戏式等方式学习二重唱的演唱方法,能用比较和谐的声音完整地表现歌曲。体验唱带来的乐趣;能够联系自身的生活,运用已学过的知识陶冶情操。
	第十课	1. 通过欣赏、聆听,能听辨出二胡、板胡、管子、笛子、铙、锣的音色。理解民族乐器的不同音色所塑造的不同音乐形象,激发对民族乐器的喜爱之情。 2. 通过完整聆听《赛马》《鸭子拌嘴》等乐曲,了解我国民族乐曲的风格特点,能用肢体动作或打击乐随着乐曲力度、音色的变化做出反应,并哼唱《赛马》音乐主题。 3. 欣赏民族管弦乐曲《翻身的日子》,了解民族管弦乐队的构成,并能掌握各民族乐器组分类及代表乐器。
	第十一课	1. 能在学习和欣赏非洲音乐的过程中,激发对其民族风情和音乐文化的兴趣。(虽然此目标不可测,但这是学习环球音乐探宝的大方向,要一一了解、包容、吸纳、借鉴)。 2. 能熟练自如地演唱歌曲《尼罗河畔的歌声》,充分感受北非歌曲的韵味,并能通过节奏及律动的参与,让歌曲的演唱更加出彩。 3. 能背唱歌曲《当太阳落山》,并能模仿拍击非洲鼓点节奏,参与音乐游戏活动,感受非洲地区的民族风情和音乐文化特点。 4. 能用非洲典型的节奏型和基本舞步表达歌曲《划船》的意境,初步具备参与二声部合唱的能力。
	第十二课	1. 能熟练演唱歌曲《前进,快乐的少先队员》,并能准确表现歌曲的情感,把握进行曲的风格特点。 2. 感知新的切分节奏型"XX",并能准确地拍击;能读、拍教科书第54页的节奏。 3. 能准确地吹奏小字二组的心音,并通过卡农的方式,合作完成二声部的练习曲。 4. 学吹竖笛"2(d2)"。

年级	单元	目　　　标
五年级下册	第十三课	1. 能准确、熟练地演唱歌曲《可爱的蓝精灵》,并能用自创的律动(或歌表)演绎歌曲所表达的欢快、愉悦的情绪。 2. 掌握"变音记号"的小知识,能听辨出变化音,并能对变化音作出反应。
	第十四课	1. 欣赏《胡桃夹子组曲》中的《进行曲》《糖果仙子舞曲》《阿拉伯舞曲》和《花之圆舞曲》,参与以下的音乐活动: (1) 能了解音乐中的故事; (2) 能哼唱乐曲的主题; (3) 能对各段乐曲作简短的描述; (4) 能听辨《糖果仙子舞曲》的特殊乐器。
六年级上册	第一课	1. 能够饶有兴趣地运用音乐要素分析作品,从不同风格的音乐作品中享受音乐所带来的愉悦。 2. 对比聆听,初步感受中国民间乐曲与小提琴独奏曲两种舞曲的不同风格,能随不同音乐做出不同体态律动,并能从中感受到音乐要素的变化。 3. 在听唱河北民歌与钢琴曲的对比音乐片段后,通过填写表格的形式来感受它们的音乐要素,获得影响音乐风格形成的根本原因——音乐要素的变化。
	第二课	1. 能体验两首歌曲不同的音乐情绪和意境,感受歌曲的美,激发对我国宝岛台湾的热爱之情。 2. 能用自然、柔和的声音背唱歌曲,能用欢快、弹性的声音演唱歌曲,能对歌曲的音乐要素进行对比,体验不同的音乐风格、情绪和意境。 3. 掌握八分休止符,通过对比的方式,体验八分休止符在歌曲中的作用。
	第三课	1. 能用活泼的歌声演唱歌曲,学会墨西哥舞的基本舞步并能随音乐表现。能自己学会歌曲,并能准确敲击出长音处的节奏。 2. 了解拉丁美洲音乐风格特点,认识拉丁美洲音乐中的几种常用的打击乐器,复习巩固拉丁美洲的典型节奏——切分节奏,并能随音乐用打击乐器参与乐曲。
	第四课	1. 通过学唱和欣赏,在听觉上获得美的享受,提高欣赏音乐的水平,培养艺术综合素养。 2. 了解德国作曲家门德尔松及其代表作品,用甜美的歌声演唱歌曲。 3. 了解挪威作曲家格里格及其代表作品,视唱乐曲的主题旋律,感受乐曲的音乐情绪,并能听辨出乐曲的三个部分。

年级	单元	目　　标
六年级上册	第五课	1. 了解主旋律和副旋律的相关知识,感受副旋律的音乐特征及其作用。 2. 学习歌曲,能唱准歌曲中的主旋律和副旋律,掌握判断副旋律的方法。
	第六课	1. 初步了解、感受动漫音乐,享受动漫音乐带来的愉悦。 2. 能够用轻快活泼、跳跃的声音听唱歌曲。 3. 了解毛利人见面以碰鼻的方式问候对方的风俗习惯,边欣赏边表现音乐。
	第七课	1. 通过对三种民族弹拨乐器的了解及其代表曲目的欣赏,感受民族弹拨乐的美妙音色,激发对民族音乐的喜爱。 2. 了解我国古老的弹拨乐器——古琴,感受其古朴、深远的音色;欣赏古曲《梅花三弄》,熟悉音乐主题,感受主题在乐曲中的变化。 3. 了解弹拨乐器——古筝,感受其丰富的音乐表现力;欣赏乐曲《渔舟唱晚》,熟悉各部分的音乐主题,想想乐曲各部分所表现的内容。
	第八课	1. 能用轻松活泼的情绪演唱《乡间的小路》,初步了解台湾校园民谣,表达心中对生活、对祖国的热爱。 2. 通过欣赏《赤足走在田埂上》,感受无伴奏合唱的意境。 3. 通过创造,能用自己的音乐方式开展采集与创造活动。
	第九课	1. 通过学习歌曲激发我们对人民子弟兵的热爱与歌颂。 2. 通过歌曲的合唱训练,从中体验到和声的美感,进一步培养审美能力,以及演唱技巧。 3. 通过视唱练习熟悉乐谱。
	第十课	1. 了解我国民族弹拨乐器琵琶,感受琵琶的音色特点及其丰富的表现力,激发对民族音乐的喜爱。 2. 欣赏琵琶曲《十面埋伏》,了解楚汉垓下之战的故事,了解琵琶的各种演奏技法,熟悉乐曲各主题,感受乐曲描绘的各种战争场面。
	第十一课	1. 了解德国作曲家贝多芬的生平及其音乐作品的风格与特点,培养对古典音乐的热爱。 2. 背唱《欢乐颂》主题,根据实际情况,运用多种形式感受合唱的魅力。
	第十二课	1. 通过欣赏与分角色演唱,培养乐于参与音乐表演的兴趣,享受音乐带来的愉悦。 2. 听唱塞内加尔民歌《法图姑娘》,感受歌曲情绪,分角色表演。 3. 从歌曲的弱起小节、切分节奏及旋律的不断重复等方面感受非洲音乐的风格特点。

年级	单元	目　　　　　标
六年级下册	第一课	1. 能够依据《拉起手》的节奏、旋律特点,理解歌曲的情绪,并用热情、欢快、弹性的声音演唱歌曲。 2. 充分运用多听多唱的方法强化音准概念。 3. 从小养成团结协作的良好品质。
	第二课	1. 通过学习歌曲,感受歌曲欢乐的节奏。 2. 从小养成良好的竞争意识。
	第三课	1. 欣赏《黄河大合唱》第一乐章《黄河船夫曲》、第四乐章《黄水谣》,听唱第七乐章《保卫黄河》,感受这部作品的磅礴气势,初步了解作品的时代背景,激发民族自豪感与爱国主义情怀。 2. 熟记第一乐章《黄河船夫曲》的第一、二主题,分析、比较两个主题的音乐要素,感知音乐所呈现的音乐形象;熟练感知《黄水谣》的音乐主题,区分歌曲的基本段落;尝试用二部轮唱的形式有感情地演唱歌曲《保卫黄河》。 3. 了解《黄河大合唱》的创作背景和词曲作者;能清楚八个乐章的标题及独唱、齐唱、混声合唱等演唱形式。
	第四课	1. 了解舞曲及其常见的拍子形式;了解圆舞曲的音乐特点。 2. 欣赏管弦乐曲《溜冰圆舞曲》,能唱会并熟记第一圆舞曲 A、B 主题;能划出第二圆舞曲主题 A 的旋律线;能听辨出第三圆舞曲主题 A 旋律的乐器家族;能听辨演奏第四圆舞曲的乐器音色。 3. 欣赏爱尔兰踢踏舞曲《王者之舞》,感受爱尔兰踢踏舞曲典型的音乐特点,并跳出爱尔兰踢踏舞的基本舞步。 4. 欣赏管弦乐曲《马刀舞曲》,能分别听辨出弦乐组、木管组和铜管组演奏的音乐片段,并模仿相应乐器演奏的姿势。
	第五课	1. 通过学唱两首合唱歌曲,进一步增强合唱意识,能对合唱这一演唱形式产生兴趣。 2. 能用自然的声音、准确的节奏和音调,有表情地演唱歌曲《七色光之歌》和《八只小鹅》,并参与二声部合唱。 3. 巩固复习歌曲中的休止符、附点、切分节奏,感受这些节奏赋予歌曲的动感;比较两首歌曲的音乐要素,感受歌曲不同的音乐风格。

年级	单元	目　　标
六年级下册	第六课	1. 能用饱满、有力、较有弹性的声音演唱《一二三四歌》,知道这首歌的音乐体裁,愿意参与这首歌的编创活动。 2. 喜欢聆听、演唱本课的三首歌曲,乐于了解音乐与人的生活之间的密切联系,愿意参与班级音乐会的活动。 3. 聆听《致音乐》和《美妙的琴声》,关注歌曲的内容、旋律、伴奏及结构形式,能够记住其主要的旋律。
	第七课	1. 接触多首以"茉莉花"为题的音乐作品,能够从中认识到以《茉莉花》为代表的中国民歌是世界音乐宝库中一颗璀璨的明珠,乐于进一步收集并了解影响民歌变异的多种因素。 2. 能够用柔美的声音、细腻的情感来演唱根据《茉莉花》改编的合唱,并能够背唱一段歌词。 3. 欣赏《图兰朵》中的《东边升起月亮》、三首我国不同地区的《茉莉花》及合唱,能够听辨并能用语言文字表述出他们在情感、风格上的差异。 4. 能用不同表演形式表现自己最喜欢的一首《茉莉花》,在其中承担任务。
	第八课	1. 喜欢以音乐方式所描述的童话——《洛列莱》《魔法师的弟子》和《黄鹤的故事》。乐于主动了解其创作过程、文化背景及表现形式。知道法国作曲家迪卡斯。 2. 能以叙述的口吻、平静的呼吸、有表情地齐唱或独唱《洛列莱》。能运用不完全小节的知识划分乐句,标记换气记号。 3. 聆听《魔法师的弟子》《黄鹤的故事》。能听辨《魔法师的弟子》《黄鹤的故事》的主题及主奏乐器的音色与在音乐中的表情作用。 4. 能依据《三个小和尚》的故事,集体创编表演,能在活动中承担任务。
	第九课	1. 能够对我国劳动号子和劳动歌曲感兴趣,喜欢演唱、聆听教材中的号子和劳动歌曲。 2. 演唱《军民大生产》和《翁嘿呀》两首民歌,能背唱其中一首。演唱时声音要富有弹性,能够表现出歌曲的劳动节奏特点及乐观情绪。 3. 通过学习演唱《军民大生产》《翁嘿呀》和聆听《连连夯》《船工号子》,体验号子和劳动歌曲的风格与特点。 4. 知道劳动号子的音乐特点,初步了解劳动号子和创作劳动歌曲的关系。积极参与劳动号子的创编活动。

年级	单元	目　　　标
六年级下册	第十课	1. 了解奥地利作曲家舒伯特的生平。 2. 能够用正确的演唱姿势、呼吸方法有表情地演唱歌曲《野玫瑰》；能够唱准变化音，了解变化音以及速度的变化在歌曲中所起的作用；能够认识歌曲中渐强、渐弱等力度记号，以及顿音、延音等音乐记号。 3. 能够听辨出歌曲《野玫瑰》与《老艺人》的前奏、间奏、尾奏，并分析出它们音乐材料的来源，感受它们在歌曲中所起的作用。
	第十一课	1. 能接受并喜欢京剧小戏这一艺术形式，能够主动参与京剧小戏《小放牛》的演唱和表演，并在表演中体验合作的成功与快乐。 2. 欣赏京剧小戏《小放牛》，认识音乐前奏、间奏在戏曲中的作用；学唱村姑与牧童的对唱唱段，能够用自然的声音、准确的节奏和音调，有表情地演唱，尽量模仿出小戏唱腔中的演唱韵味。 3. 了解剧目《小放牛》的剧情，能够在儿童剧目《小放牛》中担当一个角色，创编动作进行表演唱；能对自己和他人的表演唱作简单的评价。

第三节　让生活的每一天翩然起舞

　　人处在美丽的风景之中时，心中自有旋律；人在美妙的音乐之中时，心中也自成风景。秉承"美音乐"的音乐学科课程核心理念，我们致力于让孩子在音乐中感知美、体会美、探寻美，进而链接生活，让生活的每一天都翩然起舞。基于"美音乐"的课程哲学与目标，我们对学科课程框架进行了整体架构。

一、学科课程结构

　　基于对课程标准的解读，我们知道课程内容以"感受与欣赏、表现、创造以及音乐与相关文化"为主要方向，通过对音乐学科课程进行拓展和补充，"美音乐"创造性地设置了"悦·欣赏""跃·表演""乐·创造""粤·传承"四部分的内容,整体建构"美音乐"学科课程群。新港小学"美音乐"学科课程群结构如下(见图4-1)。

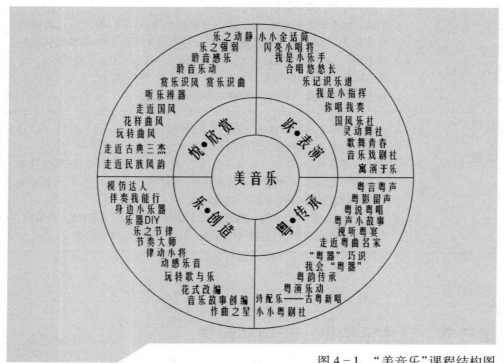

图4-1 "美音乐"课程结构图

图4-1中,各板块课程具体内涵如下:

(一)悦·欣赏

《义务教育艺术课程标准(2022年版)》中指出:音乐学科课程内容包括"欣赏""表现""创造"和"联系"4类艺术实践,涵盖了14项具体学习内容,分学段设置不同的学习任务,并将学习内容嵌入学习任务中,通过"欣赏",学生体验音乐的情绪与情感,了解音乐的表现要素、表演形式,感知、理解音乐的体裁与风格等,发展音乐听觉与感知能力,丰富音乐审美体验,深化音乐情感体验,提升审美感知和文化理解素养。①

---

① 中华人民共和国教育部.义务教育艺术课程标准(2022年版)[S].北京:北京师范大学出版社,2022:15.

因此,感受与欣赏一直贯穿音乐学习的始终,指导学生学会聆听音乐的要素、感受音乐的情感,学会用艺术的眼光观察生活、美化生活、提高生活的品质。

(二)跃·表演

在音乐学习过程中,学生掌握唱、奏、舞、演等表演技巧,是引导学生深入感受音乐的重要途径。我们以丰富多彩的表演方式激发学生的表演热情、释放孩子的天性,给孩子提供自我展示的技能与平台,增强孩子的自信心,丰富孩子的情感体验,让孩子们领略音乐带来的触动。

(三)乐·创造

通过课程中设置多种多样的活动,从初步的模仿发现、到简单的节奏或旋律创编、进而到简单的歌曲和音乐情景剧创作,激发孩子的好奇心,授人以渔,形成运用生活素材进行表现和创作的能力,自由地表达自己的情感,美化和装点自己的生活。

(四)粤·传承

在"美音乐"学科课程中,本土音乐是文化传承的重要组成部分,极具地方特点,对于加强民族文化自信有重要的作用,可增强音乐学习的地方性和趣味性,旨在加强音乐与社会的联结,并感知戏剧、舞蹈等姊妹艺术的美。

二、学科课程设置

"美音乐"课程基于培养孩子感知美、体会美、探寻美的教育理念,遵循学生身心发展规律,开发了独具特色的拓展课程,具体设置如下(见表4-2)。

表4-2 "美音乐"课程群课程设置表

学 期		悦·欣赏	跃·表演	乐·创造	粤·传承
一年级	上学期	乐之动静	小小金话筒	模仿达人	粤言粤声
	下学期	乐之强弱	闪亮小唱将	伴奏我能行	粤影留声
二年级	上学期	聆音感乐	合唱悠悠长	身边小乐器	粤说粤唱
	下学期	聆音乐动	我是小乐手	乐器DIY	粤声小故事

学　期		悦·欣赏	跃·表演	乐·创造	粤·传承
三年级	上学期	赏乐识曲	乐记识乐谱	乐之节律	视听粤宴
	下学期	赏乐识风	我是小指挥	节奏大师	走近粤曲名家
四年级	上学期	听乐辨器	你唱我奏	律动小将	"粤器"巧识
	下学期	走近国风	国风乐社	动感乐音	我会"粤器"
五年级	上学期	花样曲风	灵动舞社	玩转歌与乐	粤韵传承
	下学期	玩转曲风	歌舞青春	花式改编	粤演乐动
六年级	上学期	走近古典三杰	音乐戏剧社	音乐故事创编	诗配乐——古粤新唱
	下学期	走近民族风韵	寓演于乐	作曲之星	小小粤剧社

第四节　做生命的歌者

　　音乐教育是美育的一部分,最终的目标是塑造人,塑造健全的人格,高尚的情操和健康的人生态度。"美音乐"课程实施的方向主要包括聆听,实践,创作,和文化内涵的认识等。在音乐的"欣赏"中感受与分析音乐的情感和逻辑;在音乐的"表演"中磨炼音乐演奏和演唱的技能,以及培养坚持不懈的人格素养;在"创造"中学会用音乐的角度感受生活,以乐为笔谱写生活的乐章;在"传承"中学习和体验本土音乐文化的厚重,丰富与培养学生的人文内涵。通过建构"唯美课堂",开发"大美课程"、丰富"至美社团"、搭建"多美舞台"、创设"创美工坊"、做活"真美节日"等多元化的形式实施"美音乐"课程群,让孩子们在音乐里走进诗意与远方,做生命的歌者。

一、建构"唯美课堂",提升音乐课堂品质

利用聆听、观看和学习的方式,培养学生对音乐的感知力,和在理性上的对音乐分析的两种能力,为孩子们打下一定的音乐基础。

(一)"唯美课堂"的实践与操作

聆听是我们感知音乐的第一途径,故聆听的方法就成为音乐教育的第一块敲门砖。聆听能力的培养也成了音乐教育中最重要的部分之一,在欣赏的课程设置中便增添了许多对照、比较、律动等方式让学生逐渐掌握聆听之法。

音乐感知课的创立,并在课堂上加以实施,让学生在听赏音乐的时候引导学生理性探寻音乐的动与静,长与短,快慢等的感知。感性的角度来分析用音乐的语言表达情绪,可以是悲伤、欢乐、诙谐、急促等多种多样的情绪情感。情绪是多样的丰富的,音乐语言的表达也是同样丰富多样的。培养学生对音乐基本要素的认知意识,对日后的更广更深入的学习,更多样的表演音乐、创作音乐打下基础。

音乐欣赏课的创立,在课程中引导学生欣赏众多曲风、乐器与歌唱方式。感知其特征,并在聆听的过程中引导学生了解音乐的表现形式,不同的音乐形式也可以造成不同的音响效果,在课程中,将汇集不同形式的器乐合奏、协奏、齐奏形式,引导学生记忆和认知不同音乐形式的音响效果,为今后的实践和创作打下基础。

音乐认知课的创立:音乐的体裁多种多样,丰富的音乐体裁有不同的作用和表达方式在课堂中,引导学生认识多种多样的音乐体裁,并且识别体裁的名称以及能够认知不同音乐体裁所能带来的音乐特点,以及不同文化背景影响下的音乐特色的认知。培养学生更深刻地认识音乐的不同表达方式,为更深层次的创造性培养打下基础。

(二)"唯美课堂"的评价

上课内容分为感知课、欣赏课、认知课,感知音乐的快慢节奏,欣赏音乐的风格、形式,提高了音乐能力后,学会认知不同的音乐文化的风格。所以,在评价中,侧重于学生能力的不同方面的评价,围绕着学生的三维目标,讲究"活"的教学方法,鼓励学生创造音乐,从而引导学生爱上音乐。"唯美课堂"评价细则如下(见表4-3)。

表4-3 "唯美课堂"课程课程评价表

类别	标　准　解　读	分值	得分
课堂目标	目标清晰明确、符合课程标准。	10分	
	建立在学生之前的能力发展之上。	10分	
课堂内容	1. 立足于目标,培养学生的音乐能力。	10分	
	2. 课堂立足于音乐学科素养,教学内容丰富多彩,进行适当的提高。	10分	
	3. 丰富学生的情感体验,培养学生的审美情趣。	10分	
教学过程	1. 环节之间的衔接流畅自然,教学目标呈阶梯式上升。	5分	
	2. 教师努力营造学习环境:注重学生的上课参与程度,给学生展示的机会,让学生主动融入课堂中,影响学生的情感、情操。同时利用好乐器等工具来进行展示和调动学生。	10分	
	3. 教师的"美":教师的教态美、语言美、示范美。	5分	
教学方法	1. 能够根据具体的学习内容,采用"活"的教学方法。	10分	
	2. 在学习过程中,教师进行恰当的引导,有助于鼓励学生进行音乐创造的积极性。	10分	
	3. 各个层次的学生都能够有效地参与进课堂的学习中。	10分	
合计:		100分	
本课亮点:			
建议:			

二、开发"大美课程",丰富音乐课程内容

音乐表达的形式是多种多样的,"大美课程"的课程内容也会随着不同形式的音乐打造不同的课程内容。随着社会科技文化的不断进步,以及教学视野的不断开拓,课程的内容也越来越丰富,我们必须让学生体验不同的音乐形式,接触不同的音乐文

化,学会欣赏和运用不同的音乐形式表达内心情感。

(一)"大美课程"的实践与操作

"大美课程"主要拓宽了品质课程在音乐艺术方向的纵深,分别开设了针对不同音乐形式的课程。

合唱课程的开展:合唱是校园中最常见的课程形式,开设合唱课程让孩子通过专业的合唱知识的学习和合唱曲目的练习,感受人声之美,体会通过相互配合而创造的美,并且与同伴走上舞台去切身地感知美。

器乐课程的开展:与合唱以及歌唱类课程不同,器乐领域所涉及的音乐表达形式更加专注于音乐本体的感知与培养,"大美课程"着力于开发民乐课程,一方面引导学生感知国乐之美,一方面培养学生对纯音乐的感受、丰富对于传统音乐文化的深入了解,并且课程的着力点放在运用手中的器乐创造传统音乐之美。

舞蹈课程的开展:舞蹈课程相比较声乐与器乐类课程来说,在音乐领域上的独特之处在于,它更多的在于对感知音乐后的表达,培养学生在灵敏的听觉和优美的肢体表达,使得肢体表达与感知建立连接。

戏剧课程的开展:戏剧是一门综合艺术,它的表达形式复杂多变,内容也糅合音乐舞蹈、文学、美术等多种门类和学科,有利于学科内容的交叉和融汇,拓宽学生的视野,增强学生对于情感的感知力和表达力,从而达到美育教育的最终目的。

创编课程的开展:创编课程包括音乐小乐器的制作和音乐创编两个方向。其一,在音乐课堂中不光有可以使用的现成乐器,还可以教会学生如何用生活中最普通的东西制造出美妙的音响,以及如何改造和利用身边的点滴物件制造美,培养学生用音乐的视角观察生活、感知生活。其二,在于对音乐元素的准确运用和创造音乐,培养学生不光会演奏、演唱、表演音乐,还可以利用所学,表达所思所想,创作和编配或者改编音乐,这类课程的开设不光是引导学生感知和体验美,更是培养学生追求和创造美。

(二)"大美课程"的评价

"大美课程"主要采取形成性和总结性评价两种方式。评价量表如下(见表4-4)。

表4-4 "大美课程"评价表

评价	评 价 内 容	自我评价	同学评价			教师评价
			A	B	C	
形成性评价	1. 对音乐学习有兴趣,能自我管理,主动学习,主动完成教师布置的任务。					
	2. 上课能积极发言,勤于思考、有创新精神、积极参与音乐活动。					
	3. 能遵守课堂纪律,养成良好的纪律习惯。					
	4. 能认真倾听,与同学配合讨论、倾听、欣赏他人的展示成果。					
	5. 能主动独立学习,积极主动参与文艺活动和审美。					
	6. 尝试创编,善于提出和解决问题。					
	7. 能主动与小组成员协商、交流,善于和他人合作共同完成表演。					
终结性评价	1. 演唱:在从教材中选取的三首要求会唱的歌曲中选一首演唱,教师伴奏。 2. 演奏:教师指定演奏曲目,可看谱演奏。 3. 特长奖(加分)。					
认知测查	笔试:乐理知识。					

三、丰富"至美社团",发展音乐学习兴趣

广东的音乐文化是岭南优秀传统文化的艺术瑰宝,历史悠久,博大精深,其本身就有着浓厚的文化气息。学科课程当中融入广东音乐文化,能够丰富课程的文化内涵,也能够传承传统音乐文化的精髓。

(一)"至美社团"的实践与操作

开展校园"至美社团":广东音乐的种类很多,包含粤剧和潮州音乐、小曲及地方

性民歌曲艺,等等。对广东音乐文化的掌握需要长时间的知识沉淀,短期很难速成,需开展长期"至美社团",同时课程内容需要遵循小学生的身心发展特点及规律。在新课程改革的推动下,我们的教学模式已经从开始的"教师讲,学生听"转变为学生自主学习和合作学习,广东民间音乐的传承,长期以来都是通过口传身授的方式,随着教育的不断发展改革,我们也必须适应教育发展的趋势,在广东民间音乐的教学上,成立相关的社团,更加注重学生的自主性和合作学习。

开设至美小社团:探寻合适的"至美社团"题材进行探索。要根据小学生的身心发展特点,选择广东民间音乐文化中更贴近学生生活和更加有趣的题材,才能最大限度地激发学生的学习兴趣和求知欲。

利用传统节日"菠萝诞"等,组织社团参与广东民间音乐传承活动:民间至美社团相关的活动还是比较丰富的,可以就地取材,指引学生亲身参与传统文化活动,亲耳聆听传统音乐,亲眼观看传统节目,并将之与课堂和校园文化活动相结合,不仅可以了解与欣赏,更可以学、可以演。

社团文化展现:在校内创设粤文化表演的小舞台,有针对性地给予学生一个展示的舞台,与教学课堂衔接上,并且能够营造浓郁的校园氛围,对植根于本土文化、传承传统文化有积极意义。

(二)"至美社团"的评价

社团的主要任务是了解、继承和传承"粤"文化,所以社团成员不仅需要热爱"粤"文化,在自己了解和认识的基础上,承担着在校园里传播文化的重任,承担着传承"粤"文化的重任,所以对于社团的评价,倾向于这几个方面:

(1)社团里有完整的见闻和学习记录,每次活动后都有反思与展望。

(2)选择开展活动的场所或地点具有可操作性和代表性。

(3)不同的社团承担着不同的传承任务,同时社团间能互相交流和借鉴,具有自身的特色。

(4)教师在活动中起引导作用,帮助学生开阔眼界,加深对"粤"文化的认识和理解。同时,鼓励和创造机会帮助社团成员在校园里完成开展传播"粤"文化的重任。

(5)通过问卷等调查方式,了解成员、家长和学校学生对社团的意见和建议,不断加强对校园的建设,保持社团的活力。

四、搭建"多美舞台",拓展音乐表现形式

"多美舞台"就是运用一切可利用的条件为学生创设展现的舞台,丰富多样的表演形式来拓展音乐的表现形式,让学生在多元的舞台环境中,通过各种渠道发现自我、展现自我。让孩子们感受到音乐带来的乐趣、自信、成就感。

(一)"多美舞台"的实践与操作

"多美舞台"课堂是灵动而活跃的,充分利用孩子善模仿、爱游戏、乐表演的天性,发掘孩子们的表演天赋,激发孩子们的表演欲望,引导学生在实践中感受音乐的魅力。从小小的个人展示,到与他人的协作,经历多元舞台的洗礼和磨炼,丰富孩子个人表演经历,近距离感受和接触音乐的美,从而体现"至美音乐"的理念。

建设个人小舞台。利用学校南一楼大堂的地理位置优势,搭建个人展示的小舞台,营造浓郁的音乐氛围。在人流最为密集的中午上学时间及下午放学时间。我们定期举行分别以器乐、声乐、舞蹈为主题的才艺展演,尽可能地提供场地给每一名孩子,让每个孩子都有机会登上个人展示的舞台,营造具有鲜明特色的浓郁校园文化氛围,唤起学生的表演欲望,把自己精心准备的节目呈现在校园里,彰显学生的才华和个性。

活跃多彩大舞台。音乐艺术的表现形式多种多样,群体的艺术形式往往更加丰富多彩,为了更大范围地在校内渲染音乐文化气息,学校开展"合唱悠悠""合唱节"等群体性文艺赛事,让音乐徜徉在每个班,每个孩子心中,真正地让每个孩子都能享受到舞台的魅力,在准备、表演过程中发现自己的不足、认识自己的优点,在与他人合作"竞技"中,不断总结经验,为以后登上更大的舞台做铺垫。

(二)"多美舞台"的评价

以个人、小组或者班级的形式,把所学的表演技能在人前展示,走出表演的第一步,并不定期地嵌入班级小组歌唱比赛、律动创编比赛、自制乐器展示等,以演促学,将表演融入孩子们的日常艺术学习中,让孩子们登上并喜欢上互动的、展示自我的舞台,积极鼓励孩子们认识自己、展现自己、挖掘自己,借助一个个小舞台迸发出更积极的生命活力。评价细则如下(见表4-5)。

表4-5　"多美舞台"课程评价表

项目	评　价　标　准	等级		亮点	建议
		自评	师评		
主题	贴合主题的要求、体现一定的时代性				
内容	表演仪态、服装、动作等精神面貌				
	表演的节目形式贴切、新颖,能吸引注意				
过程	学生热情参与,秩序整齐统一				
	教师引领学生有方,指导有度				
效果	学生感触和收获的程度				

五、创设"创美工坊",激发音乐创造热情

"创美工坊"的创建,旨在让孩子快乐地享受、参与到音乐的创作中,这里汇集了师生的灵感和智慧,在音乐的探索旅程中,捕捉每一缕创新的灵感,化作音乐的符号,培养学生对音乐的探索、创新能力,让孩子通过"创美工坊"在音乐素养上有所提高,师生共同成长。

(一)"创美工坊"的实施与操作

音乐来源于生活,又高于生活,以各种形式存在于生活中。"创美工坊"是师生一起探索、发现身边的音乐,用多元的方式、手段、道具来学习表达音乐、创作音乐的一种学习方式。将生活中的音乐艺术化,反过来又将音乐生活化,将音乐学以致用,融入生命。

发现声音。生活、大自然是音乐的源泉,充斥着各种各样的声音,各式各样的韵律。打开耳朵,发现声音,是开启创作的前提和基础,带领学生联系学过的节奏,习惯用敏锐的耳朵聆听生活中的声音,处处留心发现音乐。播下一颗颗好奇的种子,引导孩子在生活的沃土中,生长出音乐的幼苗。激发学生的好奇心,打开学生音乐世界的大门。每个孩子记录下不同天气、不同动物、不同材质的物品时发出的声音、节奏,作为准备。

研究节奏。经历了大量的聆听、储备了各种音色后,将自然与音乐融为一体,是生活艺术化的关键,没有节奏的声音,不是真正的音乐。借着学生收集的"生活中的声音",结

合不同的情境,选择合适的节奏,通过情境化的组合、创编,引导学生明白音乐并不高高在上,理解音乐是灵活的、可以随心改变的。从而体会音乐的快乐,音乐带来的乐趣。

创作音乐。创作音乐的方式是多种多样的,伴奏、改编、创编等形式多样的音乐,拓宽学生的视野,感知音乐的丰富多彩。在创作过程中,学生不仅要对音色、节奏的合理运用有所把握,还要理解所需要创作的音乐情绪,通过整合,创编出合理的、能表达出应有的情绪的音乐,通过工坊的带领和培养锻炼,增强了孩子们"玩"音乐的能力。具体安排如下(见表4-6)。

表4-6 "创美工坊"课程

时　间	年　级	课　程
3—6 月	一年级	寻找自然的声音
3—6 月	二年级	寻找生活的声音
9—12 月	三年级	乐器 DIY
9—12 月	四年级	动感节奏
3—6 月	五年级	花样改编
3—6 月	六年级	作曲之星

(二)"创美工坊"的评价

"创美工坊"主要采取过程性评价和成果展示两种形式。评价等级分为优良中差。评价细则如下(见表4-7)。

表4-7 "创美工坊"评价表

评价形式	评　价　标　准	评价等级
过程性评价	制定可行的管理制度及详细的活动计划	
	活动目标、主题、形式	

评价形式	评 价 标 准	评价等级
过程性评价	活动组织的情况	
	活动的学习氛围、学生的参与程度	
	教师的引导作用	
	活动时的照片、活动后的总结与反思	
成果展示	展示形式合理或新颖	
	活动小组分工合理有序	

六、做活"真美节日",浓郁音乐学习氛围

节日具有特殊的意义和丰富的内涵。我们利用传统节日、国际节日、特殊节日等,结合"至美音乐"课程引导学生关注音乐生活,享受优秀文化结晶,在节日浓厚的氛围中,增强学生对音乐在生活中的理解,增添生活的仪式感。延伸"至美音乐"的内涵,拓宽"至美音乐"的外延。

(一)"真美节日"的实践与操作

每个节日都蕴含着丰富的意义,都有一段或美妙或深刻的含义,在节日活动中,保留着该民族文化中最精致、最具有代表性的一面。它们反映着民族的传统习惯、宗教观念、民族情感,寄托着整个民族的憧憬。

"真美节日"是充满乐趣的节日。它从节日的民俗、故事、传说习俗等全方位、多角度的视角出发,给学生不一样的体验,激发孩子了解节日背后的文化,为厚重的民族文化认同埋下希望的种子。

"真美节日"是传递热情的节日。它为学生渲染了充满热情的气氛,滋养着学生的心灵,用特殊的音乐文化氛围,滋养学生的内心。

"真美节日"是饱含深情的节日。它用音乐特有的超越语言文字的感染力,渗透学生的生活,一个个特殊的日子,是一个个巧妙的契机,让孩子们的感情融进

音乐世界。用饱满的感情,充盈学生的内心。"真美节日"具体细目如下(见表4-8)。

表4-8 "真美节日"课程安排表

| 时间 | 年级 | 节 日 | | 课程 | 实 施 |
		传统节日国际节日	"真美节日"		
2月		春节	音乐节	热热闹闹过新年	聆听春节相关乐曲 了解中国传统打击乐器
3月		植树节	韵律节	小草也歌唱	歌颂春天,歌唱大自然
4月		清明节	舞蹈节	心怀天下	歌颂英豪,缅怀先烈
5月		母亲节	音符节	感恩有您	唱支歌儿给妈妈
6月	1-6年级	儿童节	合唱节	快乐的童年	歌唱快乐的童年
9月		教师节中秋节	独唱节	老师,您辛苦了	欣赏中国传统乐曲,歌颂辛勤园丁
10月		国庆节	歌咏节	我爱我的国,我爱我的家	献唱爱国歌曲,评选爱国之星
11月		消防日	戏剧节	最可爱的人	音乐剧表演
12月		冬至	器乐节	冬之歌	演奏乐器,奏响冬天

(二)"真美节日"的评价

借助活动评价表,以教师评价、本班学生自评和不同班级学生互评等多元评价方式进行综合评定,考察学生的基本素养、综合能力及创新精神,合理开展音乐活动,让孩子们走进传统节日,亲身融入传统文化氛围中去,了解传统节日文化的同时,也能不断提升音乐水平,在自评和互评的环节当中,学生能够自主发现问题并不断吸取经验。评价标准具体细目如下(见表4-9)。

表 4 – 9 "真美节日"评价表

项目	评价标准	等　级			占评价项目权重	评　分　标　准
		师评	自评	互评		
内容主题	活动目标明确，贴合主题				20%	符合要求 20 分 基本符合 15 分 不符合 15 分以下
	活动形式原创、新颖且有创意				20%	符合要求 20 分 基本符合 15 分 不符合 15 分以下
过程	学生参与情况				15%	符合要求 15 分 基本符合 10 分 不符合 10 分以下
	现场秩序（配合有特别表现可酌情加分）				10%	符合要求 10 分 基本符合 8 分 不符合 8 分以下
	活动当中场面热烈、具有感染力				15%	符合要求 15 分 基本符合 10 分 不符合 10 分以下
	文字图片资料记录完整、准确、及时				10%	符合要求 10 分 基本符合 8 分 不符合 8 分以下
效果	通过活动，学生感触和收获的程度				10%	符合要求 10 分 基本符合 6 分 不符合 6 分以下

第五章

酷美术：在美术世界里天马行空

酷是一种审美意趣的追求。同一个圆，有的人看见的是发光的太阳，有的人看见的是微笑的脸庞，有的人看见的是震动的闹钟……秉承"酷美、酷新、酷趣"的课程理念，我们尊重每一个孩子天生的艺术家潜质，从"造型·表现""设计·应用""欣赏·评述""综合·探索"四大领域架构的"酷美术"学科课程群，致力于让每一个孩子视野更加开阔，与自我的沟通更加深入，不断增强其寻美、赏美之志趣，追溯内在的自我，在美术世界里天马行空。

紫荆花下的年轮,印记着其桃李园的每一次蜕变。目前,学校共有 7 位优秀的美术教师,其中硕士研究生 1 名,多名成员获市级优课、区教学能力比赛一等奖。在美术课程群建设过程中,我们着重营造诗意的艺术氛围,打造了"艺术画廊",希望孩子在浓烈的艺术氛围的熏陶下养成独特的审美情趣。为了从多方面扩展孩子们的视野,培养美术兴趣,我们曾开办书法、国画、版画、篆刻、陶艺、黏土、剪纸等课程。

　　新小学子思维活跃、热爱创造、乐于探索,在妙趣横生的环境里童真成长;新小教师爱生乐教、敢于创新,在诗情画意的校园里滋养桃李。因此,我们认为"酷美术"是让美术真正融入孩子生活中的课程,是培养孩子的想象力、创造力并提高审美情趣的源泉。我们依据《义务教育艺术课程标准(2022 年版)》,推进美术学科课程群建设,取得了可喜的效果。"炫酷""趣味""创造"是我们的美育精神,努力推进课程建设,突破创新,是美术团队的共同学科追求。

第一节　每个孩子都是天生的画家

我们相信，每个孩子都有与生俱来的善良、好奇和禀赋，都具有独一无二的个性。我们建设个性化的美术学科课程群，开发与利用身边的文化资源，引导儿童在美术世界里天马行空，激发灵感与创作热情，让孩子们认识这个世界，创造属于自己的世界，成为独立与快乐的个体。

一、学科价值观

"艺术是人类精神文明的重要组成部分，是运用特定的媒介、语言、形式和技艺等塑造艺术形象，反映自然、社会及人的创造性活动。艺术教育以形象的力量与美的境界促进人的审美和人文素养的提升。艺术教育是美育的重要组成部分，其核心在于弘扬真善美，塑造美好心灵。"[1]根据《义务教育艺术课程标准（2022年版）》中指出的"艺术课程具有审美性、情感性、实践性、创造性、人文性"的特点，以及学生爱思考、喜创造、勤动手和发现美、表达美、探究美的特点，我们认为，美术学科之于孩子是必要的，也是重要的，既可开拓孩子们视野，品味艺术百态，又可提升审美趣味，寻求美术绘画的乐趣。

二、学科课程理念

同一个圆，有的人看见的是发光的太阳，有的人看见的是微笑的脸庞，有的人看见的是报时的闹钟……每个人都有自己独立的观察视角，每个孩子都是天生的画家。即使看到相同的事物，落在画纸上的图像也不尽相同。从眼的观察到笔的记录，中间加上脑袋情感的滤镜，就成了被突出的特征，灵动的生命特质。

---

[1] 中华人民共和国教育部.义务教育艺术课程标准（2022年版）[S].北京：北京师范大学出版社，2022：1.

我们认为：酷是一种审美意趣的追求。我们希望孩子们把感知美的能力在生活中运用，体会审美能力给我们生活带来的改变和乐趣。因此，我们提出了"酷美术"，力求让每个孩子在美术世界里天马行空。

"酷美术"是"酷美"的美术。我们在课程实施的过程中，注重培养孩子们的动手操作能力、合作探究能力和自主创新能力，把美术课堂变得生动、有趣，并能把"酷炫"的美术带进孩子们的生活。

"酷美术"是"酷新"的美术。孩子们在创作、欣赏与评价的过程中，形成审美能力，培养孩子们的创造想象能力、创新能力，最终使生活情趣和品质得以提升。

"酷美术"是"酷趣"的美术。孔子曾说："知之者不如好之者，好之者不如乐之者。"趣味是我们的追求，只有让孩子们体会到美术的乐趣，孩子们成为"乐之者"才能真正走进美术的世界，让孩子在学中玩，玩中学，沉醉其中，并不断发展。

第二节　牵着一根线条去散步

美术，是自我的追求，是源于生活最真实的情感表达，是对身边事物的敏锐感受。艺术家保罗·克利曾说："画画就是牵着一根线条去散步。"这线条，就是一串足迹，一段旅程。基于对美术课程的认识，我校"酷美术"课程体系尊重每一个孩子天生的艺术家潜质，为孩子们打开一扇通往艺术世界的大门，力求让他们在美术世界里天马行空。

一、学科课程总目标

根据《义务教育艺术课程标准（2022年版）》的要求，学校美术学科课程的总体目标是："通过义务教育艺术课程的学习，学生应达到以下目标：感知、发现、体验和欣赏艺术美、自然美、生活美、社会美，提升审美感知能力；丰富想象力，运用媒介、技术和独特的艺术语言进行表达与交流，运用形象思维创作情景生动、意蕴健康的艺术作品，提高艺术表现能力;发展创新思维,积极参与创作、表演、展示、制作等艺术实践活动,学会发现并解决问题,提升创意实践能力;感受和理解我国深厚的文化底蕴和党的百年奋斗重大成就,传承和弘扬中华优秀传统文化、革命文化、社会主义先进文化,坚定文化自信,铸牢中华民族共同体意识;了解不同地区、民族和国家的历史与文化传统,理解文化与构建人类命运共同体的关系,学会尊重、理解和包容。"①

二、学科课程年级目标

根据课程标准的要求,参照美术教材、教参等资料,结合我校美术学科课程总目标以及各年级学生的学情,我们从"造型·表现""设计·应用""欣赏·评述""综合·探索"四个领域设计年级目标。这里,以二年级、四年级为例来说明(见表5-1)。

表5-1 "酷美术"课程年级目标(节选)

年级	学习领域	目 标
二年级	造型表现	以游戏等多种方式,体验不同工具和媒材的表现效果,开展造型表现活动,并借助语言表达自己的想法。 通过对各种美术媒材、技巧和制作过程的探索及实验,发展艺术感知能力和造型变形能力。通过造型表现活动,大胆、自由地表达自己的观察、感受与想象,创作若干件能反映自己学习水平的作品。
	设计应用	用画、撕、剪、粘的方法进行简单的组合与装饰,实现自己装饰生活的想法。尝试多种媒材,引发丰富的想象,体验设计与制作的乐趣。
	欣赏评述	观赏自然和各类美术作品的形与色,能用简短的话语大胆地表达自己的感受。
	综合探索	开阔视野,拓展想象的空间,激发探索未知领域的欲望,体验探究的愉悦与成功感。

---

① 中华人民共和国教育部.义务教育艺术课程标准(2022年版)[S].北京:北京师范大学出版社,2022:6-7.

年级	学习领域	目　　标
四年级	造型表现	选择各种易于加工的媒材,运用剪贴、折叠、造型和组合等方法,进行有意图的造型活动。 常使用毛笔、水性颜料、墨和宣纸等工具、材料,开展趣味性造型活动。
	设计应用	尝试从形状与用途的关系,认识设计和工艺的造型、色彩、媒材,学习对比与和谐、对称与均衡等形式原理,用手绘草图或立体制作的方法表现设计构想,感受设计和工艺与其他美术活动的区别。
	欣赏评述	欣赏符合孩子们认知水平的中外美术作品,用语言或文字等多种形式描述作品,表达感受与认识。
	综合探索	认识美术与自然、美术与生活、美术与文化、美术与科技之间的关系,进行探究性、综合性的美术活动,并以各种形式发表学习成果。

第三节　信手涂鸦中绘出炫酷童年

　　秉承"酷美术"课程理念,聚焦"酷美术"课程目标,我们开发并丰富"酷美术"学科课程群,构建相互补充、相互促进的课程体系,满足孩子们个性发展的需求。在"酷美术"的旅程里,我们尊重每个孩子天生的艺术家潜质,希望孩子脑中的天马行空尽情绽放,在信手涂鸦中绘出炫酷童年。

一、学科课程结构

　　依据《义务教育艺术课程标准(2022年版)》美术课程总目标,秉承"酷美术"学科课程哲学,并结合孩子们发展特点,我们从"造型·表现""设计·应用""欣赏·评述""综合·探索"四大领域架构"酷美术"学科课程群,致力于让每一个孩子在美术世界里天马行空。新港小学"酷美术"学科课程群具体分为"绘形绘色""巧手妙心""品画评说""群英荟萃"四大类,学科课程群结构如下(见图5-1)。

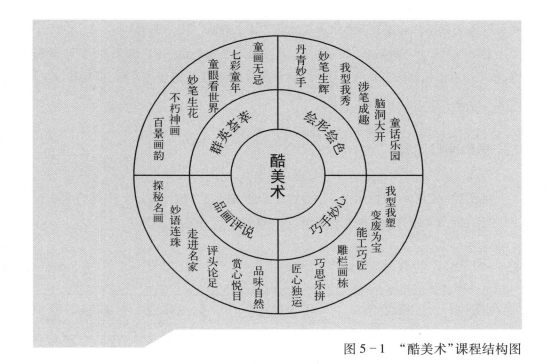

图5-1 "酷美术"课程结构图

图5-1中,各板块课程具体内涵如下:

绘形绘色:通过有趣的涂色游戏、奇思妙想、体验不同的画种,提升造型与色彩的感知能力。开设的绘画类课程有"童话乐园""脑洞大开""涉笔成趣""我型我秀""妙笔生辉""丹青妙手"等课程。

巧手妙心:通过多种多样的手工类课程:轻黏土、旧物改造、剪纸、设计类等,锻炼孩子们的动手操作能力、审美能力以及环保意识。通过"搓、揉、拼、剪、画"等方法体会动手操作的乐趣。开设的课程有"我型我塑""变废为宝""能工巧匠""雕栏画栋""巧思乐拼""匠心独运"等课程。

品画评说:欣赏评述类课程有助于帮助孩子们提升审美与情感的表达。依托课后查阅资料、小组自主探究、教师讲解等形式开展。开设的课程有"品味自然""赏心悦目""评头论足""走进名家""妙语连珠""探秘名画"等课程。

群英荟萃：通过比赛的形式，激发孩子们发现美、鉴赏美、创造美的能力，开拓孩子们的视野，感受美术的多元与奥妙，提升学生的美术核心素养。开设的课程有"童画无忌""七彩童年""童眼看世界""妙笔生花""不朽神画""百景画韵"等。

上述四大部分有机联系，相互补充，共同构建了完整统一的"酷美术"学科课程群，极大可能地拓宽孩子美术学习的时空和内容，让孩子视野更加开阔，提升其寻美、赏美之志趣。

二、学科课程设置

在按要求完成美术教材的学习之外，我校在"酷美术"理念的引领下，结合学校与学生实际，开发了独具特色的拓展课程，具体设置如下（见表 5-2）。

表 5-2 "酷美术"课程设置表

课程类别		绘形绘色		巧手妙心		品画评说		群英荟萃	
年级内容		课程名称	课程内容	课程名称	课程内容	课程名称	课程内容	课程名称	课程内容
一年级	上学期	童画乐园	认识世界的形与色	我型我塑	轻黏土的基本使用技巧	品味自然	自然界的冷与暖	童画无忌	酷美节
	下学期		大大小小的世界		黏土72变		画家笔下的世界		酷美展
二年级	上学期	脑洞大开	漫游缤纷的美术世界	变废为宝	环保在我心——废物利用	赏心悦目	画中的故事	七彩童年	酷美节
	下学期		色彩斑斓的科幻天地		废材大用，变废为宝		有趣的画面		酷美展
三年级	上学期	涉笔成趣	点线面装饰元素的运用	能工巧匠	心灵手巧——对称的奥妙	评头论足	我是鉴赏家	童眼看世界	酷美节
	下学期		玩转黑白装饰画		十二生肖的故事		各抒己见，求同存异		酷美展

课程类别	绘形绘色		巧手妙心		品画评说		群英荟萃	
年级内容	课程名称	课程内容	课程名称	课程内容	课程名称	课程内容	课程名称	课程内容
四年级 上学期	我型我秀	行走的年画地图	雕栏画栋	快乐拓印	走近名家	认识名家名画	妙笔生花	酷美节
四年级 下学期	我型我秀	铁的艺术——烙铁画	雕栏画栋	趣味版画	走近名家	评述名画	妙笔生花	酷美展
五年级 上学期	妙笔生辉	线描写生	巧思乐拼	灵心胜造物	妙语连珠	我所了解的画家	不朽神画	酷美节
五年级 下学期	妙笔生辉	色彩写生	巧思乐拼	妙手夺天工	妙语连珠	写出我眼中的名画	不朽神画	酷美展
六年级 上学期	丹青妙手	彩墨游戏	匠心独运	以形造物	探秘名画	画家笔下的人生赞歌	百景画韵	酷美节
六年级 下学期	丹青妙手	水墨诗心	匠心独运	科技畅想未来	探秘名画	情感丰富的人生色彩	百景画韵	酷美展

第四节　目之所及万物成诗

　　"酷美术"课程依据学科课程理念、课程目标、课程设置,结合学校现状,师生特点,从"酷课堂""酷作坊""酷美节""酷旅行""酷赛事""酷美展"六个方面设计课程的实施与评价,旨在践行"酷美、酷新、酷趣"的课程理念,让孩子们在"酷美术"的世界里拥有发现美的眼睛,与美好不期而遇,目之所及,万物成诗。

一、重置"酷课堂"，构建艺术氛围

"酷课堂"是丰富而有趣的学习过程，让我们真切体会到美术的魅力。"酷课堂"设定多元的学习目标，组织流畅的教学环节，构建有趣的教学过程，灵活运用新颖、独特的教学方法，凸显"酷美术"的丰富性与趣味性，营造极具艺术色彩的课堂氛围。因此，"多元""流畅""趣味""新颖"是"酷课堂"关键词。

（一）"酷课堂"的实践与操作

"酷课堂"的学习目标是多元明确的，学习内容是丰富合理的，学习过程是流畅而富有趣味性的，激发孩子们对"趣味"的感知力与创造力。

"酷课堂"设定多元的课堂目标，我们力求孩子们的审美能力；陶冶情操、养育心智。针对不同年级和不同学龄的孩子以及不同的课型，对每堂课的教学内容分层次的制定具体、详细的课堂目标。

"酷课堂"组织流畅的教学环节。孩子们的美术知识和技能主要是通过教学活动中获得。教师在课堂教学中紧紧把握着每一个教学环节，充分地调动起孩子们的积极性和操作练习的热情，激发孩子们浓厚的学习兴趣，燃起孩子们对于美术学习的欲望。其教学活动犹如一个乐队的指挥，调动每个演奏者的情绪、把握着环环相扣的节拍，演奏一曲智力开发的交响乐章。

"酷课堂"构建有趣的教学过程。主要包括教师讲解、学生问答的教学活动。教师运用新颖、有趣的教学方法将严肃的教学过程变得更加艺术，把乏味的教学变成视觉享受，使讲授者和听课者都能在愉快、轻松、充满趣味性的课堂氛围中接受艺术的熏陶。

"酷课堂"灵活运用新颖的教学方法。通过提问、讨论的形式，将孩子们融入课堂中，激发孩子们自主学习的主观能动性，同时关注孩子们的反应，注意与孩子们沟通互动。美术课堂是发散孩子们创造性思维的最好温床，孩子们创造性的想法和活跃的思维是美术课堂上的最大亮点。我们将讲述法、提问法和讨论法这三种在课堂教学中较为常用的教学方法结合运用，专门针对所学习的知识原理设计一些有趣的教学活动，引起孩子们的兴趣。通过提问、联想等方法，引导孩子们参与教学，从而理解教学知识点，并对孩子们的课堂回答给予中肯的评价，多一些鼓励和启发，给孩子们足够的思考空间,创造出轻松愉快的学习氛围。在考察孩子们知识点掌握的情况方面,我们也主要在设问和讨论上,即以提问或者讨论的方式和孩子们进行互动交流,以此来了解孩子们的学习成果。这样的美术课堂教学有效地运用各种教学方法以激发孩子们的学习动机,引导孩子们的思维方向和思考深度,也检验了其对知识的理解程度。

(二)"酷课堂"的评价

新课程改革的核心理念是一切为了促进孩子们的发展,而课堂评价是尊重学生主体地位、促进学生发展的重要环节,教师对孩子们的学习状况所表现出来的高超的评价艺术,是充分发挥教师主导作用,促进孩子们主动学习的有效手段。"酷课堂"评价细则如下(见表5-3)。

表5-3 "酷课堂"评价细则

授课教师		上课时间		班级		评课教师	
学科		课题					
类别	指标	优	良	合格	不合格		
		100—88分	87—75分	74—60分	60分以下		
课堂目标	多元(25分)	1. 多元化的美术教育观 2. 多元化的材料与教学活动 3. 多元化的教学内容 4. 多元化的能力培养 5. 多元化的艺术种类					
教学环节	流畅(25分)	1. 在教学中要精心准备,认真安排选择生动活泼的教学方法,调动孩子们的积极因素。 2. 艺术地把握课堂的几个教学环节。 3. 在课前课后的思索与顿悟中,对有效课堂有自己的理解与思考,归纳出实现有效课堂的关键所在。					
教学过程	趣味(25分)	1. 将"游戏法"融入课堂,变学生无意识为有意识,乐于学习。 2. 运用"发现法"激发每个孩子的探索兴趣,增强创新能力。 3. 实施"讨论式教学法",让孩子们在参与中感受知识的形成,促进学生主动发展。					

类别	指标	优	良	合格	不合格
		100—88 分	87—75 分	74—60 分	60 分以下
教学方法	新颖（25分）	1. 自然导入新课,开发孩子们智力,加深孩子对主题的印象与联想,达到"课伊始趣亦生"的效果。 2. 充分发挥学生的主体作用,鼓励孩子们用自己独特的视觉感受艺术作品,使孩子们的情感与审美对象产生共鸣,审美的想象力也会得到自由的发挥。 3. 因地、因时制宜,走出课堂,描绘自然,体验生活,开阔视野。			
综合评价		本课精彩之处:		存在问题及建议:	

二、设立"酷作坊",领略无限创意的魅力

"酷作坊"是借鉴传统手工作坊的特点,选取热爱美术的孩子及优秀的种子孩子,成立工作坊,以师傅带徒弟的形式,给孩子更加细致的个人指导。工作坊的成立,汇聚了美术老师和优秀学生的智慧,是老师和孩子共同成长的沃土。旨在满足对美术兴趣的培养和对美术的追求,让孩子通过"工作坊"在美术素养上有质的提高,共同领略美术的魅力。

(一)"酷作坊"的实践与操作

"酷作坊"采用集中与分散有机结合的工作机制。导师对工作室成员进行集中培训,导师对培训对象制订个性化培养方案。工作坊坚持个体指导、小组研讨与学科活动相结合,发挥指导教师的引领作用,带动培养对象共同成长。工作坊每两个月一次集体活动,开展读书指导,学习交流,观摩美术作品,参观美展,或写生考察等活动。

借助美术课堂,选出工作坊成员。在美术课堂上通过对孩子的观察、检测,最后在3－6年级中,筛选出 30 名优秀学生,组成六个小组,每组由一名优秀的美术教师带领。每逢周五下午进行美术研究活动。

工作坊采用相对民主平等的方式开展,互相分享成果,让参与者能够在平等的立场下共同讨论、交换意见,进而凝聚意识。以小组合作方式进行,即利用分组讨论的方式,让参与者之间可以互相交流意见、激荡脑力、共同创造。全体表达意见,先由小组

各自发表本组共同讨论出来的成果后,再和其他小组互相交流。工作坊教学可以借助小组间沟通协调的机会,共同思考出一个最适合的方向,延续伸展至之后的活动。与传统的教育方式相比较,"工作坊"授课方法更具有科学性和时效性,工作坊探讨的话题往往更有针对性,组织形式更为灵活。

(二)"酷作坊"的评价

本课程实行随堂作业考核。每一次课程结束都进行一次小总结,孩子就所学知识说出自己的看法、感受,并对自己的作品自评。教师进行每名孩子的作品点评,分析作品的优缺点,评出一些优秀作品,"酷作坊"评价细则如下(见表5-4)。

表5-4 "酷作坊"评价细则

评价项目	评 价 要 点	学生互评 20%	教师评价 60%	小组评价 20%
平时表现 (50%)	是否对美术感兴趣(20%)			
	是否主动参加工作坊活动(20%)			
	能否安全地使用材料和工具(20%)			
	能否大胆地进行想象,表达自己的想法(20%)			
	能否主动和他人交流合作探究(20%)			
作业成绩 (30%)	根据学生的作业质量进行			
期末考查 成绩(20%)	依据期末考查成绩评定			

三、设立"酷美节",浓郁美术课程氛围

"酷美节"是美术与节日相结合开发的一系列课程,丰富了校园的美术文化,提高

了孩子的美术素养,它不仅能为"酷美术"课程的顺利实施营造良好的学习气氛及和谐的校园氛围,而且还能够实现校园文化建设和"酷美术"课程的有机结合。通过举办"酷美节",将全校师生动员起来,充分发挥自己的想象力和创造力,把课堂知识与实际生活紧密联系起来,用知识装扮生活,丰富内心世界。

（一）"酷美节"的实践与操作

每一个节日都有它特有的内涵,每一份内涵需要孩子去感受,感受节日的宽度,从而升华孩子的精神世界。"酷美节"参与对象为一至六年级全体学生,根据孩子的不同年龄特点、学习情况等,以节日为主题开展不同的活动。课程安排如下（见表5-5）。

表5-5 "酷美节"安排表

时间	年级	节日	课　程	实　施
1月		元旦	新年新气象	装点教室
2月		春节	祈福迎祥	年画——文化遗产守护者
3月		植树节	绿色——地球本色	手抄报——告别城市的喧嚣,投入绿色的怀抱
4月	1-6年级	世界地球日	美丽家园	废物利用 倡导环保,从我做起
5月		母亲节	母爱如水	感恩的心 捏个肖像送母亲
6月		儿童节 父亲节	父爱如山 童心·童行	版画——痕迹的趣味

（二）"酷美节"的评价

"酷美节"的评价体系是"酷美节"能够顺利有序举办的有效保证。要实现"酷美节"活动的有效性、规范性,就需要我们明确切实可行的评价体系。对"酷美节"活动的评价应该秉持主题性、艺术性、有趣味性、装饰性的原则。"酷美节"具体的评价标准如下（见表5-6）。

表 5-6 "酷美节"评价细则

项目	评 价 标 准	等级 (优良中下)	亮点	建议
主题	明确、新颖、有特色			
	体现情感、态度、价值观的统一			
内容	贴近生活,贴近自然			
	丰富的想象力,突出的创造力			
	准确的造型能力,抽象理解能力			
形式	形式多样,载体丰富			
	与环境相契合,体现节日氛围			
过程	师生互动,体现双方的主导作用和主体地位			
	活动过程井然有序			
	主题突出,趣味丰富			
效果	学生参与度高,引起情感共鸣,体验感强			
	实现理论与实际相结合,将课本知识内化为个人素养			
	有效营造环境氛围,具有装饰性			

四、建构"酷旅行",提升酷美术课程趣味

"酷旅行"是寻美之旅。孩子走出传统的课室,来到校园中或走出校园观察生活,进行创作,丰富的美术活动浸润着孩子的心灵。在这个过程中不断培养孩子的审美能力,在室外教学中让孩子与一幅幅作品碰撞出美的火花。

(一)"酷旅行"的实践与操作

"酷旅行"的课堂,是让孩子感受自然之美的过程。在课堂教学打下扎实基本功

的基础上,将室内教学转移到室外教学,通过与自然的接触,发现身边自然世界中存在的美,吸取美的营养。

"酷旅行"注重课堂的开放与创新。不局限于教材内容,着眼于增强孩子的观察能力、选取创意素材的能力,体现"酷美术"的教学理念,在轻松的氛围、愉悦的环境中进行教学与学习。课堂教学从课程标准和孩子的学习规律出发,具有可操作性、可检测性。

"酷旅行"将呈现灵活的教学方式。"酷旅行"突破传统的教材内容,以身边的自然美景与事物作为教材,打破课室的固定座位,孩子自由选择观察视角,提供开放的交流、探讨空间,让孩子身处其中,享受过程,将理论转化为实践,积累经验。

因此我们设计了不同的"酷旅行"路线,分别是:

1. 人与社会

在这条路线中,孩子们将从学校出发,以步行和乘坐公共交通工具(公交、地铁)相结合的方式到达目的地珠江新城。孩子观察、记录沿途的街道、景观、建筑、行人等内容,并交流自己的观察感受,选取其中的一个或者几个要素进行创作。

2. 人与自然

这条路线中,孩子将从学校出发,以步行和乘坐公共交通工具(公交、地铁)相结合的方式到达目的地南湾水乡。孩子观察、记录并交流水乡风光、标志性建筑等内容,并交流自己观察感受,以南湾水乡为素材进行美术作品创作。

(二)"酷旅行"的评价

"酷旅行"是以室内课堂的学习为基础,以室外课堂的学习为发展,以灵动活泼的课堂形式培养孩子对美术的热爱,在个体与自然交汇中、个体与个体交流中体验创造的乐趣、用艺术的方式表达乐趣。"酷旅行"评价细则如下(见表5-7)。

表5-7 "酷旅行"评价细则

项目	评 价 内 容	评价形式	等级
理念	选取有意义的课程内容,激发孩子兴趣与内在发展需求,教学内容具有发展性、实用性、可操作性、创新性等。	看教学设计、活动方案	

项目	评　价　内　容	评价形式	等级
实施	1. 活动前精心筹备,场地选择、所带物品,活动过程因材施教,相机指导。 2. 满足孩子的兴趣与发展需求,重视培养孩子的实践能力,激发孩子的热情与创造力,发展孩子的个性特长,利于孩子身心发展。	看活动过程记录、学生调查问卷、随机访谈、学生心得记录、拍照留档	
评价	注重过程性评价,认真做好评价工作。	看评价方案、学生成果展示、学生互评	
反思	活动结束后依据活动结果对教学设计、活动方案、活动过程、评价方式等,进行反思,形成有效经验和建议,并积极完善课程,为下次活动提供参考。	随机访谈、查看反思	

五、组织"酷赛事",实现进步共赢

"酷赛事",是美术比赛的盛会,是充分体现孩子美术综合能力的一个大舞台,是检验教师教学成果和孩子学习成果的有效途径之一,是全方位展示"酷美术"课程的最佳平台。对学校而言,这不仅仅是一个良好的教学反馈的机会,还是对外推行"酷美术"课程的契机;对孩子自身而言,它能塑造孩子的参与意识、竞争意识,培养对事务的积极性和主动性。此外,在参与"酷赛事"的过程中,孩子的理论能力、实践能力、艺术表达、创造能力都得以增强。同时能在参与中根据不同的主题、丰富的内容、多样的形式拥有多层次的感受,这些感受造就了不同的经历和阅历,正是这些经历、阅历大大开拓了孩子的视野,丰富了孩子眼中的世界,为未来打造自己理想生活,塑造自己的"三观"起到了积极的导向作用,这正是对"酷美术"课程中"炫酷、趣味、创造"课程理念的践行。

(一)"酷赛事"的实践与操作

首先确定活动时间、活动宗旨、活动主题和活动内容,将全校学生列为参赛对象,规定参加比赛的作品种类:水墨画、水彩画、儿童画、版画、漫画、剪纸、泥塑,明确各类作品规格;

其次以班级为单位,由各班美术老师进行初步筛选,每班选出 10 份作品;

然后汇总每班作品,由全校美术老师进行复选,选出 50 份作品参加"雅美展"(50 份作品中必须包含规定的所有作品种类)。

(二)"酷赛事"的评价

"酷赛事"的评价包括三个阶段,分别是:

征稿与评选阶段:教师组织征稿,并筛选作品。

展示与交流阶段:教师进行布展组织学生参观交流。

奖励与颁奖阶段:对获奖同学进行奖励并颁布奖项。

因此将设立一等奖、二等奖、三等奖三个评分等级,具体评价标注如下(见表 5-8)。

表 5-8 "酷赛事"评分细则

	一等奖	二等奖	三等奖
主题	优秀	良好	一般
构思	优秀	良好	一般
内容	各元素运用合理、关系协调	各元素运用较合理、关系较协调	各元素运用基本合理、关系基本协调
	版面构成上形式美法则运用恰当,制作精美,版面整洁	版面构成上形式美法则运用恰当,制作较精美,版面较整洁	版面构成一般,制作完成,版面欠整洁

六、聚焦"酷美展",构建浓厚的文化氛围

"酷美展"是融合审美意趣与创作灵感的活动,在创作过程中,让孩子深入挖掘内心灵魂的东西,与自我进行深入的沟通,用灵活的巧手表达内心世界,个人的追求与理念,不断追溯内在的自我。"酷美展"形式多样、灵活,展示内容可统一主题,也可自定,给孩子极大发展的空间,构建和谐学习氛围。因此,"开放""多元""灵活""丰富"

"趣味"就是"酷美展"的核心要素。

（一）"酷美展"的实践与操作

"酷美展"是学生美术作品的集中展示，学习形式是丰富鲜活的，自主融洽的，学习效果是妙趣横生的。

"酷美展"活动主题丰富、多元，引导孩子关注生活，关心生活，与生活紧密联系，同时反观生活，做生活中的有心人，在实践中引发孩子的思考，做有思想、有灵魂的新时代学生。"酷美展"活动能激发孩子创作的热情与积极性，在创作的过程中，培养孩子的审美能力与实践能力，促进孩子的发展，符合新时代对孩子的能力要求。

"酷美展"为学生提供展示的平台，成就孩子的自信。作品的展出是对孩子努力的一种肯定，让孩子获得价值感与归属感，这层意义远比作品的好坏更有价值。在展出的过程中孩子有观察、有比较、有评说，在交流的过程中形成艺术欣赏、评判的能力，从中获取新的灵感，注入自己下一次的创作中。这是活动中的课堂，活动中孩子们互为老师，学生处于主体地位，教师处于辅助地位，有新的课堂内容的生成。就美术学科本身的特点而言，它是灵活的、充满趣味与轻松的，刻板、枯燥只会降低孩子的学习兴趣和效果。因此创造更多自主学习的机会，显得尤为重要，让孩子们在"雅美展"活动中得到应有的发展。

"酷美展"创设浓厚的文化氛围，每一个具有创意的作品都在装点着校园，为校园文化建设增添活力。阿诺德说："文化是，或者说应该是，对完美的研究和追求。而文化所追求的完美以美与智为主要品质。"美与智相互启迪，为孩子的美育奠定坚实的基础。

（二）"酷美展"的评价

恰当、合适的评价有利于孩子的进一步发展，多元化的评价方式符合评价孩子的需要，有利于发现孩子的长处，增强孩子的自信，调动孩子的积极性，让孩子感受到自己的进步。为了使教师有效把握评价方式，提升活动的效果，特制定了评价要求，"酷美展"评价细则如下（见表5-9）。

学校通过"酷课堂""酷作坊""酷美节""酷旅行""酷赛事""酷美展"等设计课程的多种实施与评价方式，旨在践行"酷美、酷新、酷趣"的课程理念，让孩子们在美术世界里天马行空。

表 5 - 9　"酷美展"评价细则

成员			评价教师	
主题			班级	
项目	评价标准			评价
展前 （35 分）	设定主题,贴近生活,难易适度			
	有趣味性,激发学生的好奇心,增强兴趣			
	学生美术作品准备			
	场地选择与布展			
展中 （35 分）	教师管理有方,学生活动有序			
	参观与交流			
	发挥学生主体作用,积极参与,提升水平			
展后 （30 分）	学生兴趣得到培养,个性特长得到发展			
	总结经验,学生与老师做经验分享			
	培养学生的创新意识			
总结				
优点点评：			问题及建议：	

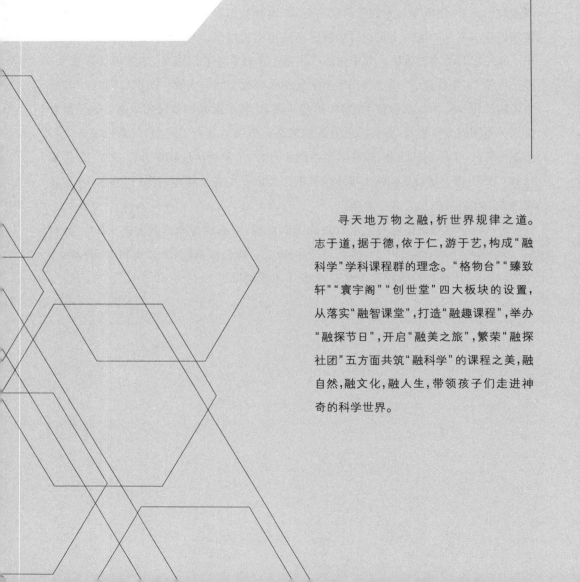

第六章

融科学：带领儿童走进
神奇的科学世界

寻天地万物之融，析世界规律之道。
志于道，据于德，依于仁，游于艺，构成"融
科学"学科课程群的理念。"格物台""臻致
轩""寰宇阁""创世堂"四大板块的设置，
从落实"融智课堂"，打造"融趣课程"，举办
"融探节日"，开启"融美之旅"，繁荣"融探
社团"五方面共筑"融科学"的课程之美，融
自然，融文化，融人生，带领孩子们走进神
奇的科学世界。

洞悉万物的规律是对科学的最终的追求和最崇高的敬意,然而对科学的学习却离不开我们身边最真实的生活。洞察身边的每一个微小事物,抽丝剥茧,不断接近万物最本质的规律,将科学和生活联系在一起,来诠释我们身边每件事物的真谛。广州市黄埔区新港小学的旭日文化在科学教研团队里生机盎然,团队由五位青年教师组成,是一支年轻有活力的队伍。其中包括广州市小学科学中心组成员,团队成员曾获"一师一优课"省级优课、广州市首届中小学青年教师教学能力大赛一等奖、广州市"基础教育精品课"等,两位老师曾承担"广州共享课堂"科学课共四节课的录制。团队里每位成员不同的专业特长,各具特色的教学风格有机地结合在了一起,大家带领孩子们参加各项区、市组织的比赛,辅导学生创作发明的"小学低年段辅助开窗装置"获得第34届广州市青少年科技创新大赛市级奖项;"校园专用安全防疫消毒门"获第36届黄埔区青少年科技创新大赛一等奖。

每位科学教师都怀着对追求真理的无限热情,不断地碰撞出教育的火花,"融科学"影响着新小的莘莘学子,师生共进,一同成长。我们依据《义务教育科学课程标准(2022 年版)》,推进科学课程群建设,收获了累累硕果。

第一节 探寻科学之道

一、学科价值观

《义务教育科学课程标准（2022 年版）》指出："义务教育科学课程是一门体现科学本质的综合性基础课程，具有实践性。"[1]"科学课程有助于学生保持对自然现象的好奇心，从亲近自然走向亲近科学，初步从整体上认识自然世界，理解科学、技术、社会与环境的关系，发展基本的科学能力，形成基本的科学态度和社会责任感，逐步树立正确的世界观、人生观和价值观，为今后学习、生活以及终身发展奠定良好的基础"[2]由此可见，小学科学课程标准注重呵护儿童对周围世界与生俱来的探究兴趣和需要，强调运用符合儿童年龄特点、认知规律的方式进行科学课程实施。结合小学科学课程的性质、核心理念、设计思路和目标要求，小学科学课程实施应该坚持"主体性""实践性""层次性""系统性"的价值取向，不断提高课程育人质量。

二、学科课程理念

《义务教育科学课程标准（2022 年版）》指出："1. 面向全体学生，立足素养发展。以习近平新时代中国特色社会主义思想为指导，落实立德树人根本任务。充分发挥科学课程育人功能，为全体学生提供公平的学习与发展机会，满足学生终身发展和适应社会发展的需要。"[3]"2. 聚焦核心概念，精选课程内容遵循'少而精'原则，聚焦学科核心概念，精选与每个核心概念相关的学习内容，设计相应的系列学习活动，做到适合年龄特征、突出重点、明确要求，确保学生有充足的时间探究、实践与

---

[1] 中华人民共和国教育部.义务教育科学课程标准（2022 年版）［S］.北京：北京师范大学出版社，2022：2.

[2] 中华人民共和国教育部.义务教育科学课程标准（2022 年版）［S］.北京：北京师范大学出版社，2022：2.

[3] 中华人民共和国教育部.义务教育科学课程标准（2022 年版）［S］.北京：北京师范大学出版社，2022：2.

思考,在学习学科核心概念的基础上,理解跨学科概念,并应用于真实情境。"①

"3. 科学安排进阶,形成有序结构基于学生的认知水平和知识经验,科学安排学习进阶。一是学习内容由浅入深、由表及里、由易到难,二是学习活动从简单到综合。将学习内容和学习活动有机整合,规划适合不同学段的、螺旋上升的课程目标和课程内容,设计适合不同学段的探究和实践活动,形成有序递进的课程结构。"②"4. 激发学习动机,加强探究实践倡导设计学生喜闻乐见的科学活动,创设愉快的教学氛围,保护学生的好奇心,激发学生学习科学的内在动机;"③"5. 重视综合评价,促进学生发展构建素养导向的综合评价体系。改进结果评价,重视正确价值观、必备品格和关键能力的考查;强化过程评价,重视'教—学—评'一体化,关注学生在探究和实践过程中的真实表现与思维活动。"④

科学课程不应当仅仅是对知识的学习,更应当是培养学生的不断追求真理的探究精神。小学科学主要通过科学知识、设计与技术、科学探究三部分内容实施来达成课程目标,其中科学知识又涵盖了物质科学、生命科学、地球与空间科学三个领域的内容。由此可见,科学的课程内容覆盖面极为广阔,不仅是跨学科的学习,更涉及天文地理,宏观微观,世间万物。我们认为,当代的科学课程应当从小就引导学生善于发现身边微小事物的客观规律,通过发现规律去认识规律,通过理解规律去掌握规律。格物致知,方得始终。于是我们去追求科学学习的本质精神:"寻天地万物之元,析世界规律之道。"基于对课程标准的解读,结合我校"旭日文化""日新教育"的文化和理念特色,我们提出"融科学:带领儿童走进神奇的科学世界"。

"科学探究之融",如何正确地进行科学探究是学习科学的重中之重,闻道科学,科学闻道。对科学之道孜孜不倦地探寻,不断前进,不断进步,心之所向,一往无前。融自然,融文化,融人生。我们将"融科学"的理念确定为:寻天地万物之融,析世界规

---

① 中华人民共和国教育部.义务教育科学课程标准(2022年版)[S].北京:北京师范大学出版社,2022:2.

② 中华人民共和国教育部.义务教育科学课程标准(2022年版)[S].北京:北京师范大学出版社,2022:3.

③ 中华人民共和国教育部.义务教育科学课程标准(2022年版)[S].北京:北京师范大学出版社,2022:3.

④ 中华人民共和国教育部.义务教育科学课程标准(2022年版)[S].北京:北京师范大学出版社,2022:3.

律之道。"融科学"既是科学又是人生，既培养孩子们对于科学的探究精神，又教会孩子们该如何面对自己的人生之路。

基于对以上的理解，我们提倡"志于道，据于德，依于仁，游于艺"，四部分构成了融合的科学，寻科学之融创。

志于道，是培养孩子们对于追求万物真理的赤诚之心，更是培养孩子们对科学学习的兴趣，心之所向，一往无前。

据于德，是培养孩子们面对科学问题坚持不懈的探究精神和面对科学探究实验时的严谨态度，持之以恒，坚持不懈，方能拨云见日。

依于仁，是培养孩子们的内心修养。在科学的探究学习中或许会伴随着诸多的失败与迷茫，能够正确面对挫折和挑战，却又能始终保持一颗仁爱之心，不管是面对科学还是面对人生。

游于艺，是培养孩子们将自己的学到的知识去通过实践操作展现与设计创造展现出来，从一开始青涩生疏到最终的游刃有余，乃至追求科学性与艺术性的双重目标。

第二节　领悟自然之意

《义务教育科学课程标准（2022 年版）》指出："科学课程要培养的学生核心素养，主要是指学生在学习科学课程的过程中，逐步形成的适应个人终身发展和社会发展所需要的正确价值观、必备品格和关键能力，是科学课程育人价值的集中体现，包括科学观念、科学思维、探究实践、态度责任等方面。"[1]"科学观念是在理解科学概念、规律、原理的基础上形成的对客观事物的总体认识。"[2]"科学思维是从科学的视角对客观事

---

① 中华人民共和国教育部.义务教育科学课程标准（2022 年版）[S].北京：北京师范大学出版社，2022：4.

② 中华人民共和国教育部.义务教育科学课程标准（2022 年版）[S].北京：北京师范大学出版社，2022：4.

物的本质属性、内在规律及相互关系的认识方式,主要包括模型建构、推理论证、创新思维等。"①"探究实践主要指在了解和探索自然、获得科学知识、解决科学问题,以及技术与工程实践过程中,形成的科学探究能力、技术与工程实践能力和自主学习能力。"②"态度责任是在认识科学本质及规律,理解科学、技术、社会、环境之间关系的基础上,逐渐形成的科学态度与社会责任。"③

一、学科课程总体目标

根据《义务教育科学课程标准(2022年版)》的要求,学校科学课程的总体目标是:"科学课程旨在培养学生的核心素养,为学生的终身发展奠定基础。"④"掌握基本的科学知识,形成初步的科学观念初步认识科学的本质。掌握与认知水平相适应的科学知识,初步形成基本的科学观念,并能用于解释有关的自然现象、解决简单的实际问题。"⑤"掌握基本的思维方法,具有初步的科学思维能力。掌握分析与综合、比较与分类、抽象与概括、归纳与演绎、联想与想象、重组思维、发散思维、突破定势等基本的思维方法及其在科学领域的具体应用。"⑥"掌握基本的科学方法,具有初步的探究实践能力。掌握观察、实验、测量、推理、解释等基本的科学方法;形成科学探究的意识,理解科学探究是探索和了解自然、获得科学知识、解决科学问题的主要途径,理解科学探究涉及提出问题、作出假设、制订计划、搜集证据、处理信息、得出结论、表达交流和反思评价等要素,具有初步的科学探究能力;"⑦树立基本的科学

---

① 中华人民共和国教育部.义务教育科学课程标准(2022年版)[S].北京:北京师范大学出版社,2022:4.
② 中华人民共和国教育部.义务教育科学课程标准(2022年版)[S].北京:北京师范大学出版社,2022:5.
③ 中华人民共和国教育部.义务教育科学课程标准(2022年版)[S].北京:北京师范大学出版社,2022:5.
④ 中华人民共和国教育部.义务教育科学课程标准(2022年版)[S].北京:北京师范大学出版社,2022:6.
⑤ 中华人民共和国教育部.义务教育科学课程标准(2022年版)[S].北京:北京师范大学出版社,2022:6.
⑥ 中华人民共和国教育部.义务教育科学课程标准(2022年版)[S].北京:北京师范大学出版社,2022:6.
⑦ 中华人民共和国教育部.义务教育科学课程标准(2022年版)[S].北京:北京师范大学出版社,2022:7.

态度,具有正确的价值观和社会责任感具有对自然现象的好奇心和探究热情;能大胆提出自己的见解,并基于证据和逻辑得出结论,实事求是;不迷信权威,敢于大胆质疑,追求创新;善于与他人合作和分享,包容不同的观点;热爱自然、珍爱生命,具有保护环境、节约资源、推动生态文明建设和可持续发展的责任感;能对与科学技术相关的社会热点问题作出正确的价值判断,尊重科学,反对迷信;遵守科学与技术应用的公共规范、法律法规和伦理道德,维护自身和他人的合法权益,捍卫国家利益。①

二、学科课程年级目标

依据《义务教育科学课程标准(2022 年版)》,参照教材、教参等资料,结合我校科学学科课程总目标和 1－6 年级的学情,我们进行科学课程年级目标的设计,让孩子在探寻科学之道的足迹中,更深更广地领悟自然之诗意。这里,以五年级、六年级为例来说明(见表 6－1)。

表 6－1 "融科学"课程目标

学段	学习内容	内 容 要 求
5－6年级	1.1 物质具有一定的特性与功能	① 观察常见材料在水中的沉浮现象、导热性等,说出它们的主要用途。
5－6年级	1.2 空气与水是重要的物质	② 知道空气是一种混合物,含有氮气、氧气、二氧化碳等气体,空气中的氧气和二氧化碳对生命活动具有重要意义。 ③ 列举日常生活中水的蒸发和水蒸气凝结成水的实例,如晒衣服、雾、玻璃窗上的水珠等。
5－6年级	2.3 物质变化的特征	① 知道有些物体发生了变化,如纸燃烧、铁生锈等,构成物体的物质也发生了改变。

---

① 中华人民共和国教育部.义务教育科学课程标准(2022 年版)[S].北京:北京师范大学出版社,2022:7.

学段	学习内容	内　容　要　求
5－6年级	3.1　力是改变物体运动状态的原因	① 知道日常生活中常见的摩擦力、弹力、浮力等都是直接施加在物体上的力。 ② 举例说明给物体施加力可以改变物体运动的快慢,也可以使物体开始或停止运动;学会使用弹簧测力计。 ③ 知道地球上一切物体都受到地球的吸引力,地球不需要接触物体就可以对其施加引力。
	3.3　声音与光的传播	④ 知道来自光源的光或来自物体的反射光进入眼睛,能使人们看到光源或该物体。 ⑤ 知道光在空气中沿直线传播。 ⑥ 知道光遇到物体会发生反射现象,光的传播方向会发生改变。 ⑦ 描述太阳光穿过三棱镜后形成的彩色光带,知道太阳光中包含不同颜色的光。
5－6年级	4.1　能的形式、转移与转化	① 知道动能、声能、光能、热能、电能、磁能等都是能的形式,了解这些能的相互转化现象。 ② 知道简单机械(杠杆、滑轮、轮轴、斜面)及其在生产生活中的应用。 ③ 举例说出生活中常见的热传递现象,知道热从温度高的物体传向温度低的物体,从物体温度高的部分传向温度低的部分。 ④ 举例说明影响热传递的主要因素,列举它们在日常生产生活中的应用。
	4.2　能源与可持续发展	⑤ 了解太阳能、水能、风能、地热能、化石能等能源。
5－6年级	5.2　地球上存在动物、植物、微生物等不同类型的生物	① 列举生活中常见的微生物(如酵母菌、霉菌、病毒),举例说出感冒、痢疾等疾病是由微生物引起的。 ② 根据某些特征,对植物进行分类。
	5.3　细胞是生物体结构与生命活动的基本结构单位	③ 初步学会使用显微镜观察细胞,知道细胞是生物基本单位。
	5.5　人体由多个系统组成	④ 说出脑是认知、情感、意志和行为的生物学基础,举例说出保护脑健康的主要措施。

学段	学习内容	内　容　要　求
5－6年级	5.6　生态系统由生物与非生物环境共同组成	⑤ 举例说出常见的栖息地为生物提供光、空气、水、适宜的温度和食物等基本条件。 ⑥ 说出常见动物和植物之间吃与被吃的链状关系。
5－6年级	6.1　植物能制造和获取养分来维持自身的生存	① 知道植物可以利用阳光、空气和水分在绿色叶片中制造其生存所需的养分。
	6.2　人和动物通过获取其他生物的养分来维持生存	② 知道动物以其他生物为食,动物维持生命需要消耗这些食物而获得能量。 ③ 说出人体生长发育所需的主要营养物质及其消化吸收过程。
	6.3　人体通过一定的调节机制保持稳态	④ 举例说出人体对某些环境刺激的反应方式和作用,列举保护相关器官的方法。
5－6年级	7.1　生物能适应其生存环境	① 举例说出动物在气候、食物、空气和水源等环境变化时的行为。
	7.3　人的生活习惯影响机体健康	② 列举睡眠、饮食、运动等影响健康的因素,养成良好的生活习惯。
	7.4　人体生命安全与生存环境密切相关	③ 举例说出重大传染病和突发公共卫生事件对人类安全的威胁。
5－6年级	8.3　人的生命是从受精卵开始的	① 认识青春期及其特征,关注青春期保健。
	8.5　生物体的遗传信息逐代传递,可发生改变	② 描述和比较植物子代与亲代在形态特征方面的异同。 ③ 描述和比较动物子代与亲代在形态特征方面的异同。
	8.6　生物的遗传变异和环境因素的共同作用导致了生物的进化	④ 根据化石资料,举例说出已灭绝的生物;描述和比较灭绝生物与当今某些生物的相似之处。

学段	学习内容	内　容　要　求
5－6年级	9.2　地球绕地轴自转	① 知道地球的自转轴、自转周期和自转方向,理解昼夜交替和天体东升西落等自然现象与地球的自转有关。
	9.3　地球围绕太阳公转	② 知道地球围绕太阳公转的周期和方向,理解四季的形成与地球的公转有关。 ③ 测量正午时物体的影长,说明不同季节正午影长的变化情况。
	9.4　月球是地球的卫星	④ 知道新月、上弦月、满月、下弦月四种月相,说明月相的变化情况。
	9.5　地球所处的宇宙环境	⑤ 比较太阳、地球、月球的相对大小。知道太阳是一颗恒星,是太阳系的中心天体,描述太阳系八颗行星在太阳系中的相对位置。 ⑥ 知道宇宙中有很多恒星,通过观察或借助软件识别织女星、牛郎星等亮星,学会利用北极星辨认方向;知道大熊座、猎户座等星座,了解划分星座的意义。
	9.6　太空探索拓展了人类对宇宙的认知	⑦ 了解人造卫星和载人航天的历史,知道太空环境对人体健康的影响,关注我国航天事业的进展。 ⑧ 了解天文观测和利用航天器探测宇宙的历史,关注我国月球和深空探测事业的进展。
5－6年级	10.1　天气和气候	① 知道雨、雪、雾等天气现象的成因。
	10.2　水循环	② 知道水在改变地表形态的过程中发挥着重要作用。
	10.3　岩石和土壤	③ 知道地球表面覆盖着岩石,岩石是由矿物组成的;学会通过观察和使用简单工具,比较不同岩石的颜色、坚硬程度、颗粒粗细等特征。
	10.4　地球内部圈层和地壳运动	④ 知道地球内部分为地壳、地幔和地核,地壳主要由岩浆岩、沉积岩和变质岩构成,了解化石的形成及科学价值;知道火山喷发和地震是地球内部能量集中释放产生的自然现象。

学段	学习内容	内　容　要　求
5－6年级	11.1　自然资源	① 知道海洋为人类生存提供了能源、生物资源、矿产资源等，树立海洋国土意识。 ② 知道资源可分为可再生资源和不可再生资源；以垃圾分类为例，通过践行垃圾减量与分类回收，树立循环利用资源的意识。
	11.2　自然灾害	③ 结合实例，知道台风、洪涝、干旱、沙尘暴、泥石流等灾害及其影响，树立自我保护和防灾减灾的意识。
	11.3　人类活动对环境的影响	④ 正确认识经济发展和生态环境保护的关系，结合实例，说明人类不合理的开发活动对环境的影响，提出保护环境的建议，参与保护环境的行动。 ⑤ 关注野生动物和濒危植物的保护，拒绝濒危动植物及其产品贸易，认识到保护生物多样性的重要性。
5－6年级	12.1　技术与工程创造了人造物，技术的核心是发明，工程的核心是建造	① 知道技术包括方法、程序和产品等；知道发明的常用方法，举例说出一些典型的发明，知道发明会造人造物，技术用到一定的科学原理，很多发明可以在自然界找到原型。 ② 知道工程以科学和技术为基础，知道工程通常由多个系统组成；知道中国主要的大科学工程。
	12.2　技术与工程改变了人们的生产和生活	③ 知道技术对提高生产效率或工作效率的影响，举例说明应用适当技术可以提高生产效率或工作效率，应用所学科学原理设计并制作出可以提高效率的作品。
	12.3　科学、技术、工程相互影响与促进	④ 初步认识技术与工程对科学发展的促进作用，科学、技术、工程相互影响与促进利用仪器设备进行观察并进行记录；举例说明科学发现可以促进新技术发明（如激光的发明）。
5－6年级	13.1　工程需要定义和界定	① 定义简单的实际工程问题，分析限制条件，提出验收标准。
	13.2　工程的关键是设计	② 利用示意图、影像、文字或实物等多种方式，阐明自己的创意，初步认识设计方案中各影响因素间的关系。 ③ 基于有说服力的论证，认同或质疑某些设计方案，并初步判断其可行性和合理性。
	13.3　工程是设计方案物化的结果	④ 利用工具制作简单的实物模型，根据实际反馈结果进行改进并展示。

第三节　融合课程之力

　　"融科学"的课程结构是课程目标转化为教育成果的纽带。基于"融科学"的课程哲学与目标,我们精心设计了与之匹配的课程结构,致力于让"融科学"在孩子们的科学道路上苗壮成长。

一、学科课程结构

　　《义务教育科学课程标准(2022 年版)》指出:"义务教育科学课程是一门体现科学本质的综合性基础课程,具有实践性。科学课程有助于学生保持对自然现象的好奇心,从亲近自然走向亲近科学,初步从整体上认识自然世界,理解科学、技术、社会与环境的关系,发展基本的科学能力,形成基本的科学态度和社会责任感,逐步树立正确的世界观、人生观和价值观,为今后学习、生活以及终身发展奠定良好的基础;有助于提高全民科学素质,促进经济社会发展和科技强国建设。"[①]"物质科学之融",让孩子们学习了解物质科学的本质规律其中包括物质、能量、力的相互作用三大板块。通过闻物质科学之道,能够帮助孩子更好地了解我们身边世界的客观规律,又得以在生活中可以运用这些规律。基于对科学课程的认识,我校"融科学"课程体系分别从"物质、生命、地球、设计、科学文化素养"五方面入手,让孩子可在学习科学知识的过程中不断提升科学素养。

　　基于对课程标准的理解,我们设置了"格物台""臻致轩""寰宇阁""创世堂"四部分的内容,分别对应的是"物质科学领域""生命科学领域""地球与宇宙科学领域""技术与工程领域"四大板块的目标,力求融合课程之力,带领孩子们走进神奇的科学世界。"融科学"学科课程群结构如图 6-1。

[①] 中华人民共和国教育部.义务教育科学课程标准(2022 年版)[S].北京:北京师范大学出版社,2022:1.

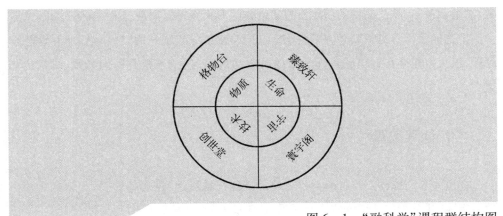

图 6-1 "融科学"课程群结构图

图 6-1 中,各板块课程具体表述如下:

格物台:致知在格物,格物而后致知。人们生活在物质世界之中,每时每刻都在接触各式各样的物质,感受自然界和人类生活中所发生的丰富多彩的物质运动和变化、物质世界中的各种现象和过程都有着内在的变化规律。探究事物的道理,尊重科学的规律,我们本着实事求是的基本态度在这里带着孩子们去见证科学之融。

臻致轩:生命世界中包括动物和植物等多种生物类群,生物的生存都需要一定的条件,生物之间,以及生物与环境之间相互依赖相互影响,组成了一个有机的整体。经得起考验的理论才能称之为科学真理,对真理孜孜不倦地探寻才会不断进步,不断发展。

寰宇阁:地球是目前人们认识到的宇宙中唯——个适合人类生存的星球,地球与宇宙中的有关现象、事物和规律,具有时间和空间的复杂性。激发学生对地球和宇宙的探究热情,发挥空间想象、模型思维、逻辑推理等能力,初步建立科学的宇宙观和自然观。

创世堂:理论用于实践,实践验证理论。人类观察自然、研究各种现象产生和变化的原因,而产生科学,科学的核心是发现;对科学加以巧妙运用以适应环境、改善生活而产生技术,技术的核心是发明;技术与工程领域的学习使学生有机会综合各个方面知识,体验科学技术对人生活和社会的发展影响。理论的进步是为了推动实践的发展、工业的改革,将头脑中的所思所想用创作的形式展现出来是思维的最高形式。

上述四大部分有机联系,相互补充,共同构建了完整统一的"融科学"学科课程群结构,极大可能地拓宽孩子科学学习的时空和内容,让孩子视野得到开阔,胸襟更加宽广。

二、学科课程设置

在按要求完成科学教材的学习之外,我校在"融科学"理念的引领下,结合学校与学生实际,开发了独具特色的拓展课程,具体设置如下(见表6-2)。

表6-2 "融科学"课程设置表

课程类别		格物台(物质科学)	臻致轩(生命科学)	寰宇阁(地球与宇宙)	创世堂(技术与设计)
年级	学期				
一年级	上学期	我们之间的距离	身边的植物	不同的天气	自然世界
	下学期	你用哪把"尺子"?	我长什么样?	四季变化	认识周围的科技产品
二年级	上学期	薄薄的纸,大大的能力	万千世界	太阳公公你在哪	人工世界
	下学期	吸铁石只能吸铁吗	你认识你自己吗?	土壤的作用	科技的便利
三年级	上学期	空气	校园植物的家	月相变化	发明家我知道
	下学期	闻一知十	无家可归的小动物	使用气温计	使用工具
四年级	上学期	声音从哪来	树上开花	土壤的成分	制作工具
	下学期	浮力弹力摩擦力	硕果累累	影子的规律	了解技术
五年级	上学期	万有引力	生长的秘密	我们的宇宙	科学技术的影响
	下学期	光学我知道	人体的奥秘	太阳系的中心	学会设计

课程类别		格物台	臻致轩	寰宇阁	创世堂
年级	学期	（物质科学）	（生命科学）	（地球与宇宙）	（技术与设计）
六年级	上学期	热是在流动的	探究食物网	地质灾害	杠杆与滑轮
	下学期	能力转换	环境小卫士	地壳的运动	我的创作

三、课程内容设置

"物质科学之融"，让孩子们增强探究物质世界奥秘的好奇心，形成"世界是物质的，物质是运动的"的观点，使学生感受到物质科学对促进社会进步和提高人类生活质量的重要作用，帮助学生初步养成乐于观察、注重事实、勇于探索的科学品质。

"生命科学之融"，让孩子们学习了解生命科学及其相关的内容，生命科学包括生命的主要特征、生物的分类与多样性、人类三大板块。通过闻生命科学之道，可以让孩子们理解生命，感悟生命，珍惜生命，尊重生命。

"地球与空间科学之融"，让孩子们学习地球与空间科学及其相关的内容，其中包括地球与太阳系及自然环境两大板块。让孩子们从宏观上了解的我们的家园地球的情况，同时让孩子们意识到必须注意保护自然环境。

"设计与技术之融"，设计与技术不同于我们知识的学习，而是对于孩子们实践能力的锻炼，掌握正确合理的设计与技术的方法才能更好地去实现孩子心中的梦想。

第四节　拓宽科学之路

科学是激发学生潜能、促进学生发展的课程。科学素养不仅是一种知识素养，更是一种依据知识作出决策的能力。"融科学"通过科学基本观念、科学实践过程以及科学场景三大方面全面助力科学素养的提升。秉承"融科学"课程理念,学校从落实"融智课堂"、打造"融趣课程"、举办"融探节日"、开启"融美之旅"、繁荣"融探社团"这五方面入手,拓宽科学之路,让孩子们在活动体验中增强自然观察能力、逻辑思维能力、创新学习能力、动手操作能力以及团队协作能力。

一、落实"融智课堂",开拓科学学科视野

"融科学"的课堂是打开孩子视野的一扇窗,在这里,孩子可以在纷繁复杂的信息中了解到曼妙灵动的生命,可以揭开太空神秘的面纱,可以解锁互联网、物联网等改变人类生活方式的密码……

(一)"融智课堂"的实践与操作

"融科学"的课堂是属于孩子们的课堂,教师更多的角色是引导者,组织学生完成各种观察、统计或探究等活动。而课堂前的问题需要孩子去发现,课堂中的活动需要孩子去实践,课堂后的结论需要孩子去推理,课堂外的顿悟需要孩子去领会。因此,"明确""愉快"和"自由"就是"融科学"的关键词。

"融智课堂"拥有明确的课堂目标。课堂目标是一节课的导向,教师所有的设计都以目标为出发点和落脚点,环环相扣,步步推进,使孩子们在矛盾与迷茫中逐步摸索,寻找真理。

"融智课堂"萦绕愉快的课堂氛围。课堂文化是师生之间、生生之间默契、互助以及情感交流的体现。愉快的课堂氛围可以放松孩子们的紧张心情,打开孩子们的思路,在情境或者矛盾中敢于提出所思所想,勇于表达自己的看法,使自己做回课堂的主人。愉快的课堂氛围是孩子们大胆创造的园地,教师的实验设计是一种或者几种,而孩子们在愉快的氛围中可以畅所欲言,设计多彩多样,如此一来师生之间也是教学相长。

"融智课堂"呈现自由的教学方法。目标是明确的,但方法是灵活的。科学课堂的场地、器材、学习方式等都可以因地制宜、因材施教。池塘、操场、小树林等可以成为我们的教学场地,萝卜、冬瓜、土豆等可以成为我们的实验器材,实地考察、游戏竞技、调查研究等可以成为我们的学习方式。只要教师引导得当,学生积极参与,教学方式、学习方法可以千变万化。

（二）"融智课堂"的评价

"融智课堂"评价,通过课堂目标、交流气氛、教学方法三个大的方向来解读"融智课堂"设置的实际意义以及合理性,以明朗、愉快、自由为三大核心指标与课堂目标,交流气氛,教学方法一一对应,明朗清晰的课堂目标是融趣味课堂的基础,欢欣愉悦的交流气氛是"融智课堂"的追求,而自由变换的教学方法可以更好地因材施教、因地制宜展开融趣科学的教学工作,因此制定出了以下评价细则(见表6-3)。

表6-3 "融智课堂"评价细目表

类别	指标	标　准　解　读	分值	得分
课堂目标	明朗	1. 学习目标紧扣课程标准和学段要求,切合学情,简单、明了。	10分	
		2. 学习目标表述能将"三维目标"有机渗透融合,具体、明确,可操作、可检测,从知识、技能、情感三个方面培养学生。	10分	
交流气氛	愉快	1. 将课堂自主权还给学生,倡导个性化、多样化学习,通过自主自学,合作探究,多元互动,和谐共生的多种学习方式。	10分	
		2. 教师努力营造探究学习的条件:激发学生探究的欲望,设计发散性和探究性的问题,留足探究问题的空间,要给学生足够的自主学习时间和互动的交流时间。	10分	
		3. 教师善于引导、鼓励学生质疑,培养学生的质疑能力。学生在课堂中敢于质疑,并表现出一定的质疑能力。	10分	
		4. 学习目标问题化,以明确的学习任务作为启动和组织学生学习活动的操作把手,激发学生探究新知的热情。	10分	
教学方法	自由	1. 最大限度地了解学生学习中遇到的问题,并对问题进行梳理归纳,聚焦问题,用问题引领、指导学生探究,学生自主探究时间充分。	10分	
		2. 教师参与学生探究活动,能兼顾到各个层面的学生。	10分	

类别	指标	标　准　解　读	分值	得分
教学方法	自由	3. 学生参与展示交流时,态度积极,参与面广,参与度深。	10分	
		4. 学生在自学和展示的过程中,体现合作、探究、实践、质疑等学习方式;学生能够恰当评价;教师进行适时引导,关注有效生成,使问题得到解决。	10分	
合计:				

二、打造"融趣课程",丰富科学拓展课程

"融趣课程"是以孩子们日常所面临的问题为依托,以解决问题为目的,以头脑风暴、设想讨论、调查研究、动手操作等形式开展。在学习到科学知识的同时也能发展分享、合作、搜集材料、分析材料、推理结论等品质。

(一)"融趣课程"的实践与操作

"融趣课程"的创建直指科学核心素养,使其成为孩子人生中重要的痕迹和标识。"融课程"以学生发展需求为出发点体现其内在逻辑,相互呼应,环环相扣。

"融趣课程"立足目标,整合基础课程。科学教材版本较多,内容繁杂,不同年级之间的知识点也有交叉重叠部分。教师根据课程标准所要达成的要求,结合学生特点,将关联性强的内容有机整合,由点到面,逐步扩大,形成层次结构明晰,内容逐步丰富,层次逐步提升的知识网。

"融趣课程"聚焦活动,发展兴趣课程。该课程形式多样,操作灵活,孩子可以自由分组,也可以单人进行。教师每月选取一节科学课进行头脑风暴,从现实生活中所遇到的问题出发,启发学生打开思维,发现问题并且提出解决问题的方案,教师引领孩子共同探讨解决方案的可行性,并给予修改意见,课后孩子们自由组合实施方案,每月选取一节课时间进行最终结果的评比。我们以孩子们的活动为主要课程形式,体现了"教、学、做"的统一。

"融趣课程"自主选择,发展学生特长。每个孩子都是唯一的,每个孩子身上的闪光点都不一样,犹如橘生淮南为橘,生于淮北为枳,这就需要我们给孩子提供一个丰富

的选择平台,孩子在自己感兴趣的舞台中绽放属于自己的精彩。

（二）"融趣课程"的评价

结合"融趣课程"的实践和操作,选取以下几点作为课程的评价标准,一目标明确、引领导向;二活动体验、环环相扣;三自主发展、充满活力等特点。

第一,"融趣课程"需要具有明确的目标,能够将零散的科学学习材料进行整合。教学过程中,师生双方活动都朝着这一目标进行,由简到繁,由浅到深,由低到高,一步步达成目标。

第二,"融趣课程"重视活动体验,能够环环相扣。"融趣课程"的开发重视学生的生活体验,在实施中更加重视学生的活动体验,但是活动与活动之间不能是零散而无章法的,前一个活动必须为下一个活动打开思路,下一个活动是前一个活动的提升。

第三,"融趣课程"提倡自主发展,学生充满活力。课程的发展要在实施过程中形成特色,教师在课程中及时反思与总结,学生上课参与度高,热情高涨深入其中。"融趣课程"评价细目如表6-4。

表6-4 "融趣课程"评价细目表

项目	评 价 内 容	评价形式	评价等级 (☆☆☆☆☆)
理念	开发有意义的课程内容,符合社会价值期待,满足学生兴趣发展的需求,符合学生特点,知识之间具有迁移性、统整性。	活动方案、活动照片、学期活动小结等	
设计	以活动为主要形式的课程实施计划,并有相应的评价指标和评价方法。	活动设计方案	
实施	1. 能根据教学计划,精心准备,坚持因材施教,认真指导。 2. 课程实施能满足学生的兴趣发展需求,重视发展学生的个性特长,能开发出适合学生特点和利于学生发展的"融趣课程",重视培养学生的实践能力和创造能力,受到学生喜爱。	学生活动记录、学生问卷调查、随机访谈、学生活动感受记录	

项目	评 价 内 容	评价形式	评价等级 (☆☆☆☆☆)
评价	按照课程要求制订出个性化的学生评价方案,组织好对学生的发展评价,认真做好评价工作。	看评价方案、学生成果展示	
反思	对课程的设计、实施和评价中的教师和学生双方的各个环节进行思考,形成有效经验和建议,并积极完善课程。	活动反思	

三、举办"融探节日",丰富创作渠道

节日具有丰富的表现形式。科学奇想的激发,科普知识的拓展,科学探究的深入,发明创造的研制等都可以通过"融探节日"得以实现。"融探节日"给予孩子们展示的舞台,让孩子们将自己的所思所想所创跟大家分享交流,不仅从形式上拓宽了融科学的边界,也从实质上加深了孩子们对科学的理解和领悟。

(一)"融探节日"的实践与操作

每个节日,都是一场思维的碰撞,是一种浓厚的氛围,是一个热烈的期待。"融探节日"的举办,不仅能引起孩子们对科学探索的重视,更能在知识层面加深孩子们对科学的认识,也能在操作层面提升孩子的科学素养。

"融探节日"是开放宽容的节日。科学知识纷繁复杂,科学内容错综交叉,常规的科学课都以系统有序、层次分明的科学知识为重点,而举办"融探节日",可以让孩子们自由选题、自选形式,把自己最擅长的、最喜欢的、最有兴趣的所思所想所创与大家分享。

"融探节日"是充满创意的节日。在该节日中,用废弃塑料瓶自制火箭,用报纸搭建千斤顶,用小苏打和白醋给气球充气……每一项都是对孩子们的大胆挑战,每一项都让孩子感受到科学的力量,每一项都让孩子们思维的火花绽放美丽。

"融探节日"是充满乐趣的节日。无论是钻研蚊子的传病机理,还是研究骨骼和

肌肉的相互配合;无论是探索大熊座的奥秘,还是揭示苹果为什么往下掉;无论是演示金属在水上燃烧,还是用柠檬汁滴破气球……都让孩子们其乐融融,在欢声笑语中加深对科学的理解。

我们每年创设"融探节日",积极营造浓厚的科学氛围,为适应不同阶段学生的认知发展规律,在不同年级设立不同的主题。新港小学"融探节日"课程安排如表6-5。

表6-5 "融探节日"安排表

时间	年级	课 程	实 施
每年11月份	一年级	我喜爱的动物	1. 学生认真学习一种自己最感兴趣的动物。 2. 用橡皮泥把动物的外形结构特征展示出来。
	二年级	纸的形状与速度	1. 把纸折成不同的形状,比赛谁的飞得远。
	三年级	我是小讲师	1. 学生在教师、家长指导下搜集资料。 2. 学生整理分析资料。 3. 学生制作海报,写讲稿,宣传科普知识。
	四年级	生态与环境	1. 学生学习生态平衡、环境污染等知识。 2. 学生搭建优美社区模型或者生态平衡水域模型等。
	五年级	奇妙的现象	1. 学生查阅奇妙小实验的原理及操作。 2. 学生在展台展示用小苏打和白醋给气球充气、自制火箭发射等试验。
	六年级	发明与创造	1. 学生自行选题,制作小发明。 2. 学生展示自己的发明,包括设计原理、特点、实用性等。

(二)"融探节日"的评价

"融探节日"落实的关键环节之一是课程评价。我们同样重视多种形式的课程评价,采用个人自评、学生评价、教师评价、小组评价等多元评价方式,使形成性评价和终结性评价相结合,自我评价与他人评价相结合,知识评价与技能评价相结合。孩子们以小讲师、模型、制作、发明创造等多种形式形成科技学习的成果。"融探节日"评价细目如下(见表6-6)。

表6-6 "融探节日"评价细目表

项目	评 价 标 准	等级 (优良中下)	亮点	建议
主题	鲜明、新颖、明确。			
	符合时代要求,符合大众价值追求。			
内容	活动内容新颖,符合学生的年龄特征。			
	活动环节有连接,循序渐进。			
	结合实际,贴近学生生活和社会现实。			
形式	学生力所能及。			
	丰富多样,学生选择多样。			
	营造良好氛围,学生大胆发挥。			
过程	学生主动参与,积极投入。			
	教师引领学生有方,指导有度。			
效果	学生积极体验,收获科普知识、增强思维能力、强化动手能力。			
	增强同学间的合作能力、分享的态度。			

四、开启"融美之旅",拓宽科学实践天地

"融美之旅",将融合多方资源,利用一切可利用的条件为孩子们拓宽学习渠道,让孩子们在多元的环境中通过各种渠道学习科学。让孩子感到科学无处不在、无时不有,在充满奥妙环境中,掌握解决问题的方法,健康成长。

（一）"融美之旅"的实践与操作

不论再多的理论学习都比不上身临实境的实践,开启融美之旅,用发现的眼睛去感受身边的科学之美。根据以上认识,我们设置了"融美之旅"课程,如表6-7。

表6-7 "融美之旅"课程活动安排

时 间	地 　 点	参与人员	课 　 程
1月	广州市光机电技术科普基地	5-6年级学生	光电之家
2月	广州市第八十六中学动物博物馆	3-4年级学生	动物乐园
3月	神奇的蘑菇世界科普基地	5年级学生	神奇蘑菇
4月	刀锋无人机科普教育基地	4-6年级学生	快乐飞翔
5月	身临其境科普基地	1-6年级学生	虚拟世界
6月	广州水果世界	1-4年级学生	硕果累累
9月	广高电器科普基地	4-6年级学生	电器之家
10月	广东省物联网科普教育基地	6年级学生	网络世界
11月	河南博物院	5年级学生	感受历史
12月	广州市黄埔区青少年宫	1-6年级学生	思维园地

（二）"融美之旅"的评价

"融美之旅"就是在于培养学生的态度和能力,进而提高知识水平、增强技能。强调评价的激励性,鼓励孩子们发挥自己的个性特长,施展自己的才能,努力形成激励广大学生积极进取、勇于创新的氛围。采用多种方式,如对书面材料的评价与对学生的口头报告、活动、展示的评价相结合;教师评价与孩子们的自评、互评相结合;小组的评价与组内个人的评价相结合等。开放的"融美之旅"评价在孩子们自我评价的基础上,应尽可能采用集体讨论和交流的形式,将个人和小组的经验及成果展示出来,并鼓励相互之间充分发表意见和评论。详见表6-8。

表6-8 "融美之旅"评价细目表

评价项目	评价要点	评 价 标 准	效果(优秀、良好、一般、较差)
目的内容(20分)	1. 目标明确	① 符合课标要求,符合社会对新型人才的期待	
	2. 内容实用	① 贴近生活,丰富学生的直接经验 ② 贴近学生,丰富学生的间接经验	
	3. 内容综合	① 引入多种信息 ② 运用科学学科知识	
	4. 深浅适当	① 分量适当 ② 难易适当	
方式方法(15分)	1. 组织形式	① 走出校园实践感悟 ② 具体组织形式得当	
	2. 学生活动方法	① 方法得当 ② 多法结合	
活动过程(30分)	1. 活动要素	① 具备基本出行要素 ② 有机组合家校配合要素	
	2. 活动步骤	① 活动准备 ② 活动展开、研究、实践 ③ 活动评价总结	
活动效果(35分)	1. 学生自主性	① 学生在教师指导下自主地思考、设计操作和解决问题	
	2. 学生创造性	① 思路设计新颖 ② 方式方法多样 ③ 有一定的活动成果	

五、繁荣"融道社团",点燃科学探究激情

"融道社团"是科学学习实践的重要组成部分,是孩子们头脑风暴、表达交流、展

示自我的平台。

（一）"融道社团"的实践与操作

为了更加灵活与自主，"融道社团"的课程将以选修课的形式进行，充分尊重孩子们的选择权，让学生能适当安排自己的课余时间，发挥个人所长。

响应时代，紧跟潮流。科学的基础不能丢失，科学前沿也不能落下。常规科学课给孩子们提供了积累科学基础知识的平台，科学社团的开展就应该立足时代，紧跟潮流。近年来，机器人、无人机、物联网如火如荼地冲击各级校园，这些技术在未来也会有很大的发展空间，甚至能再次刷新我们的生活方式。我们紧跟时代步伐，开发相应的课程，让孩子们在接受传统经典科学文化知识的同时也能顺应时代发展，拓宽视野。

固定场地，自主选择。没有场地和器材的科学就犹如巧妇难为无米之炊，要想把"融道社团"的设想落到实处，就必须有供孩子们动手操作的场地，因此我们选择科学探究室作为融社团的主阵地，为错开教学时间，"融道社团"使用科学探究室的时间为每天下午4点。每个孩子的身上都有自身的闪光点，或体育或艺术或科学。"融道社团"向每一个对机器人课程有兴趣的孩子张开怀抱，孩子们可以根据自己的学习需求进行报名，在"融道社团"中与一群志同道合的朋友共同进步。

气氛热烈，活动丰富。在"融道社团"中，孩子们是主人，儿童是一切活动的出发点和落脚点，每个孩子都可以通过学习获得动手实践的机会，进而获得成功体验，营造社团热烈氛围。由于每个孩子的起点、进度都不一样，教师把机器人学习的基本架构跟学生讲解，大家一起学习最基础的知识，待到孩子们学习进度差距较大时，可由教师带动先进，先进带动后进，教师个别指导后进等多种学习形式进行。

"融道社团"现阶段开展的社团有三个，分别是：

（1）机器人社团。二至六年级的学生在周一下午进行"融道社团"活动，机器人社团作为培养孩子们科学兴趣的敲门砖，孩子们的兴趣更容易被这些充满乐趣与神秘感的科学社团所吸引，并且机器人入门难度较低，适合从低年级培养兴趣。

（2）无人机社团。四至六年级的学生在周三下午进行"融道社团"活动，无人机相比于机器人难度有了较大幅度的提升。不论是搭建还是操作，孩子们都需要去自己摸索完成调试和操作，能有效地增强孩子们的动手能力和操作能力，让孩子从社团活动中感受到无人机的魅力，并且从无人机中真正地认识科学、了解科学、学习科学、喜爱科学。

（3）物联网社团。五至六年级的学生在周五下午进行"融道社团"活动，物联网相对于机器人和无人机来说,可以算是一个质的飞跃,孩子们所学习接触到的内容从单纯的兴趣爱好走向了实践。与生活接轨,发现运用创造以此来给生活带来便利。

"融道社团"课程具体安排如表6-9。

表6-9 "融道社团"安排表

时　　间	地　点	参加人员	课程名称
周一下午4:00—5:00	科学探究室	2-6年级学生	机器人
周三下午4:00—5:00	科学探究室	4-6年级学生	无人机
周五下午4:00—5:00	科学探究室	5-6年级学生	物联网

(二)"融道社团"的评价

"融道社团"拥有着更灵活的时间和方式,更热烈的氛围和兴趣,更新奇的知识和技术,引起了越来越多儿童的注意,这无疑在培养孩子们兴趣,发挥学生特长,提高学生素质等方面发挥着越来越重要的作用。但无规矩不成方圆,无评价不成教学。我们有必要通过一些评价标准来考察"融道社团"的运行情况,以便及时掌握学生学习情况,也便于教师及时调整教学方案。"融道社团"评价参照表6-10标准。

表6-10 "融道社团"评价细目表

评价项目	评价要点	评价标准	效果(优秀、良好、一般、较差)
目的内容	1. 目标明确	① 符合时代主题,新颖实用	
	2. 内容丰富	① 通过查看教师相关教案,查看内容与主题的贴合度 ② 理论与实践并行	
	3. 深浅适当	① 分量适当、难易适当 ② 循序渐进	

评价项目	评价要点	评 价 标 准	效果(优秀、良好、一般、较差)
方式方法	1. 组织形式	① 学生自愿参加,教师合理安排 ② 具体组织形式得当	
	2. 学生活动方法	① 符合学生年龄特征 ② 先进带后进,高年级带低年级等多种方法结合	
学习效果	1. 学生自主性	① 学生自主选择,积极参与	
	2. 学生创造性	① 思路开阔,想法多样 ② 有理有据,大胆创新 ③ 有一定小发明、小创作	

第五节　聚力科学之美

课程管理直接决定着课程实施效果,是实现课程目标的重要保障。新港小学"融科学"学科课程群管理从三点出发:增强课程操作性、丰富内容多样性、理论落地于科学实践。从这三个着力点出发,力求打造现代智能时代创新型教师的"三叉戟",聚力科学之美。

一、价值引领

小学科学课程标准注重呵护小学生对周围世界与生俱来的探究兴趣和需要,而运用符合小学生年龄特点、认知规律的方式来开展科学课程,这不仅需要科学教研组教师对"融科学"课程群的共同认知,更需要教师们在心灵上找到共同的契合点,一同走向学校的"旭日文化",沐浴在光辉下的"融科学"课程文化则更能生根发芽蓬勃生长,最终与学校百步梯课程相辅相成、拾级而上,帮助孩子们迈出人生的新一步。

"闻道阁""格物台""臻致轩""创世堂""遐想园"等五部分的内容在"融科学"的开发与实施的过程,不断引领"融科学"的思想,丰富"融语文"的内涵,落实"融科学"的实践,并将它们有机联系起来拓宽孩子们的视野,开拓孩子们的思维。

二、团队建设

一个团结和谐的队伍,是我们"融科学"的基础,大家有着共同的方向,并且会朝着共同的方向去努力前进,我们科学科组是一个和谐互动型的集体,高效反应的执行力和有效的团队沟通是我们的基础。

一个团队是需要灵魂的,共同对"融科学"课程的创造与实施,使我们将灵魂赋予其上并整合在了一起,在这个团体中,科学教师们根据自己的专业发展和技术水平的需求,相互探讨,共同提高,教师之间也形成了相互协作、互相影响、共同进步的关系。

三、课题聚焦

志于道、据于德、依于仁、游于艺。科学的课程内容覆盖面极为广阔,不仅是跨学科的学习更涉及天文地理,宏观微观,世间万物。当代的科学课程应当从小就引导学生善于发现身边微小事物的客观规律,通过发现规律去认识规律,通过理解规律去掌握规律。格物致知,方得始终。这不仅是科学的技术更是科学的艺术。

四、校本教研

校本教研以"融"为核心。融智、融美、融创、融探、融道,以"融"作为基点切入科学课程,融智课程建设、融汇课程资源、融创课程,融合资源共享与积累。借力于区教学研讨活动,和学校的科组、教研组、年级组等有针对性的研讨活动,引领教师及时更新和掌握教育与课程理念,向着共同的教育信念与理念前进。

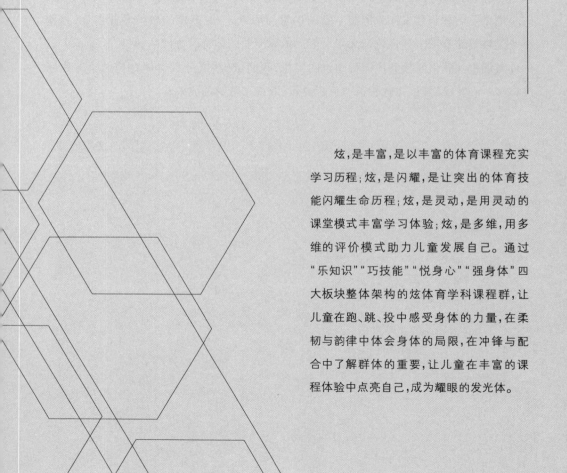

第七章

炫体育：让生命在运动中闪闪发光

炫，是丰富，是以丰富的体育课程充实学习历程；炫，是闪耀，是让突出的体育技能闪耀生命历程；炫，是灵动，是用灵动的课堂模式丰富学习体验；炫，是多维，用多维的评价模式助力儿童发展自己。通过"乐知识""巧技能""悦身心""强身体"四大板块整体架构的炫体育学科课程群，让儿童在跑、跳、投中感受身体的力量，在柔韧与韵律中体会身体的局限，在冲锋与配合中了解群体的重要，让儿童在丰富的课程体验中点亮自己，成为耀眼的发光体。

广州市黄埔区新港小学是一所充满阳光与能量的足球特色学校,成为教育部表彰的 2021 年全国优秀足球特色学校七所小学之一。学校拥有一支朝气蓬勃的体育教师队伍,足球专业 4 名,篮球专业 2 名,体操专业 1 名,田径专业 1 名。在体育科组的深耕下,新港小学足球队连续两年闯入市赛,并分别夺得冠军和亚军的好成绩。在过去的两年,代表我国参加"挪威杯"青少年足球赛,取得傲人的成绩。年轻的教师队伍,为新港小学的课程建设注入源源不断的生机与活力;一专多能的教师专业素养,为新港小学体育课程的多样性创造无限可能。依靠专业的体育教师团队,我校开设了丰富的体育课程。凭借学校品质课程建设的契机,我们依据《义务教育体育与健康课程标准(2022 年版)》,推进体育学科课程群建设,取得了可喜的成效。

第一节 为每一次起跳喝彩

一、学科价值观

体育与健康课程是学校课程的重要组成部分。本课程是以身体练习为主要手段，以学习体育与健康知识、技能和方法为主要内容，以增进儿童们健康，培养儿童终身体育意识和能力为主要目标的课程。基于此，我们认为体育的核心价值是培养儿童终身学习和全面发展必需的运动的情感与品格、能力与习惯、健康知识与行为。

儿童一生的发展，是一个漫长的过程。他们的生命历程，需要的不仅仅是养家糊口的技能，更是健康强健的体魄。毛主席说身体是革命的本钱。儿童拥有强健的体魄，乐观的心态，才能出色完成日渐繁重的学业。优秀的学业成绩固然重要，但倘若像诸葛亮一般"出师未捷身先死"岂不令人扼腕叹息？体育学科的本质，就是在儿童成长的过程中，教会其基本的运动技能，培养其长期锻炼的习惯和品质。依托体育课程建设，让儿童在跑、跳、投中感受身体的力量；在柔韧与韵律中体会身体的局限；在冲锋与配合中了解群体的重要。

二、学科课程理念

生活中，我们时常发现，儿童虽然每天参加体育运动，却没有主动锻炼的意识；体育锻炼的形式何其多，儿童却只懂得简单的跑跳；学过跳高跳远、长跑短跑，却罕有人前展示的自信和底气。基于此，我们提出"炫体育"，其理念确定为：让生命在运动中闪闪发光。让体育锻炼由内而外，改善儿童的身体健康，改变儿童的个人气质，增强儿童的自信，鼓起儿童的勇气。

我们认为：炫，是丰富，是以丰富的体育课程充实儿童的学习历程；炫，是闪耀，是让突出的体育技能闪耀儿童的生命历程；炫，是灵动，是用灵动的课堂模式丰富儿童的学习体验；炫，是多维，用多维的评价模式助力儿童认识自己、发展自己。"炫体育"，让儿童在丰富的课程体验中点亮自己，为每一次起跳喝彩。

"炫体育"，就是让儿童在日复一日、年复一年的体育练习中，顺应儿童身体发展的本能，研究儿童身体发展的需求，善待儿童在体育学习中出现的差异，直面儿童在发展中存在的真实问题。让"炫体育"学科课程群用丰富的课程形式、灵动的教学模式、多维的教学评价，助力儿童在体育锻炼加强运动参与、增强运动技能、优化身体健康、增强心理健康和社会适应，给予儿童自信和勇气，使之成为茫茫人海中的发光体。

（一）"炫体育"：勇参与

炫，是勇参与，是体育精神的激发。

生命在于运动。"炫体育"，是激励儿童积极参与运动。无论是蹒跚学步的小朋友，还是垂暮之年的老人，都需要体育锻炼。体育课程的首要目标，是培养儿童运动的兴趣，帮助他们建立终身运动的意识。"炫体育"强调在课程目标的确定、教学内容和教学方法的选择与运用方面，注重与儿童的学习和生活经验相联系，引导其体验运动乐趣，提高体育与健康学习动机水平，重视对儿童进行正确的体育价值观和责任感的教育，培养儿童刻苦锻炼的精神，促进儿童主动参与体育活动，基本形成体育锻炼习惯。

（二）"炫体育"：巧锻炼

炫，是巧锻炼，是体育技能的不断进阶。"炫体育"，是指导儿童在体育学习的过程中，循序渐进地掌握运动技能，达到运动水平的炫巧。以儿童的发展为中心，帮助儿童们学会体育与健康课程，高度重视儿童们的发展需要，从课程设计到学习评价，始终以促进儿童们的身心发展为中心。课程在充分发挥教师教学过程中主导作用的同时，十分重视儿童们在学习过程中的主体地位，注重培养儿童自主学习、合作学习和探究学习的能力，促进儿童们掌握体育与健康学的方法，并学会体育与健康学习。

（三）"炫体育"：强体魄

炫，是炫丽，是身体的可控和灵动。身体健康是指人的体能良好、技能正常和精力充沛的状态。"炫体育"课程，强调引导儿童努力锻炼，全面发展体能，拥有炫丽轻盈的身体，能够以炫丽的身体姿态，参与每一天的学习和工作。

(四)"炫体育"：悦心理

炫，是炫酷，是开放的心态和良好的社会适应。体育锻炼的终极目标，是促使儿童在锻炼中，学会感知情绪的变化，并有意识地调适自身的情绪波动，使得儿童能用愉悦的心理状态融入社会生活，达到与社会的和谐相处。"炫体育"十分重视在日常锻炼、体育赛事、球类运动中，培养儿童的自信心、坚强的意志品质、良好的体育道德、合作精神和公平竞争的意识，帮助儿童掌握调节情绪和与人交往的方法。

第二节　让生命在运动中闪耀

基于对体育课程的认识，结合学校实际情况，我校"炫体育"课程体系力求让儿童们能在课程当中主动形成对体育的兴趣，并发展成为一技之长，最终实现"悦在体育"而至"终身体育"，让生命在运动中闪耀。

一、学科课程总目标

《义务教育体育与健康课程标准(2022年版)》中课程总目标指出："通过体育与健康课程的学习，(1)学生能享受运动乐趣，掌握各种体能的学练方法。积极参与各种体能练习，在学练多种运动项目技战术和参与展示或比赛的基础上掌握1—2项运动技能，认识体能和运动技能发展的重要性。(2)学会运用健康与安全的知识和技能，形成健康的生活方式。学生能理解体育锻炼对健康的重要性，积极参加校内外体育锻炼，逐步形成体育锻炼意识和习惯；掌握个人卫生保健、常见疾病和运动伤病预防、安全避险等知识与方法，并运用在学习和生活中；了解和体验体育活动对心理健康的积极影响，学会调控自己的情绪，积极应对挫折和失败，保持良好的心态。(3)积极参与体育活动，养成良好的体育品德，学生积极参与体育活动，在遇到困难或挑战自身身体极限且保证安全的情况下能克服困难、坚持到底，与同伴一起顽强拼搏；遵守体育游戏、展示或比赛规则，相互尊重，诚实守信，培养学生公平竞争的意识和行为。"①

基于此，我们认为终身体育源于兴趣，成于特长。经过多年发展，我校体育学科课程日渐完善，丰富的课程从低年级开始覆盖，鼓励倡导儿童能在课程海洋中积极主动选择适合自我的课程，在环境熏陶下能形成一技之长，在赛事课程中能追寻到内心期待的成就感。

二、学科课程年级目标

基于对课程标准的解读，参照体育教材、教参等资料，结合我校体育课程现状，我们以体育理论知识、体育运动技能为基本授课目标，并且针对多元的兴趣课程，单独设置兴趣拓展课程目标。丰富的课程设置、多维度多方向的培养目标，最终是为了促进儿童们能在六年的学习中找到属于自我的一片天地，形成一技之长。让体育学习和锻炼，成为儿童生命发展的基石。

（一）体育理论知识目标

体育理论知识目标是指儿童们通过体育课程的学习，能在头脑当中对所学知识形成正确的建构，能用自己的语言对于运动知识进行梳理和描述。

（二）体育运动技能目标

体育运动技能目标是指儿童们通过体育课程的学习，能清楚运动技能的技术要领，并能较为熟练地进行运用。

（三）体育兴趣拓展课程目标

体育兴趣拓展课程目标是指儿童们能够自主选择适合自我的体育课程，在满足儿童们兴趣的基础上，增强儿童们该项的运动能力。能代表学校代表班级参加各级各类比赛，提升儿童们对于项目的成就感，能够更好地让儿童们增强对项目的兴趣，从而坚持到底形成一技之长。

根据课程标准的要求，结合我校体育学科课程总目标和1-6年级的学情，我们设计了体育课程年级目标。以下以三、四年级为例（见表7-1）。

---

① 中华人民共和国教育部.义务教育体育与健康课程标准（2022年版）[S].北京：北京师范大学出版社，2022：6-7.

表 7-1 "炫体育"课程目标(节选)

	上学期	第一单元	第二单元	第三单元	第四单元	第五单元
三年级	体育理论知识目标	基本身体活动 认识并说出本单元所学的跑、跳、投等技术动作及要领,并能够说出什么是基本身体活动。	体操类活动 认识并说出本单元所学的体操类活动的名称及技术动作,了解体操类活动的各个项目。	球类活动 认识并说出足球、篮球等动作要领,并初步掌握足球、篮球技术动作。	武术 认识并说出所学武术动作名称及动作要领,知道武术是我国的传统文化项目。	考核单元
	体育运动技能目标	能够掌握跑、跳、投等基本技术,发展速度、力量、灵敏等身体素质,提高身体协调性、灵敏性。	能够掌握队形队列、韵律操、前滚翻、跳绳等体操类活动,提高身体协调性、灵敏性。	发展速度、力量、灵敏、协调等身体素质,提高身体机能水平和对球体的感知水平。	初步掌握武术基本动作和简单动作组合,发展身体的柔韧性、灵敏性和协调性。	
	下学期	第一单元	第二单元	第三单元	第四单元	第五单元
	体育理论知识目标	基本身体活动 能用自我语言进行梳理并描述如何完成各种姿势的跑、跳、投,并清楚其竞赛规则和要求。	体操类活动 能用自我语言进行梳理并描述如何滚动、翻滚动作练习,后滚翻,各种支撑练习。	球类活动 能用自我语言进行梳理并描述排球、羽毛球、乒乓球的动作名称及其技术要领。	武术 能用自我语言进行描述所学武术套路的名称及其动作要领。	考核单元
	体育运动技能目标	能够掌握所学的各种跑、跳、投,等技术动作,发展速度、力量、灵敏等身体素质,提高身体协调性、灵敏性。	能够掌握翻滚动作练习,后滚翻要领,以及各种支撑练习。发展速度、力量、灵敏等身体素质,提高身体协调性、灵敏性。	发展速度、力量、灵敏、协调等身体素质,提高身体机能水平和球体的感知水平。	初步掌握武术基本动作和简单组合套路,发展身体的柔韧性、灵敏性和协调性。	

	体育兴趣拓展课程目标	通过开设田径、篮球、足球、羽毛球、高尔夫、帆船、击剑、跆拳道等课程,形成丰富课程体系,供学生按兴趣选择,以培养孩子们形成对体育兴趣为主。并开设大量竞赛类课程,满足对运动项目成就感的追求,爱上项目,形成一技之长。				
四年级	上学期	第一单元	第二单元	第三单元	第四单元	第五单元
	体育理论知识目标	队列队形单元能用自我语言进行梳理并描述如何完成队形变换、齐步走、跑步走。	体操单元能用自我语言进行梳理并描述如何完成各种方式的跳绳、前滚翻、后滚翻以及侧手翻。	田径单元能用自我语言进行梳理并描述快速曲线跑动作要领、单脚起跳双脚落地技术要领、正面双手投掷技术要领。	球类单元能用自我语言进行梳理并描述篮球、足球球性的定义,以及发展球性的简单方法有什么。	考核单元
	体育运动技能目标	能清楚队形变换、齐步走、跑步走的动作要领,并能熟练地指挥同学完成动作。	能清楚多种不同形式的跳绳、前滚翻、后滚翻、侧手翻技术要领,并能熟练完成动作。	能清楚快速曲线跑、单脚起跳双脚落地、正面双手投掷的技术要领,并能熟练完成动作。	能清楚如何组织传统游戏以及篮球、足球当中增强球性的训练方法,并能积极主动进行练习。	
	下学期	第一单元	第二单元	第三单元	第四单元	第五单元
	体育理论知识目标	队列队形单元能用自我语言进行梳理并描述如何完成队形变换,以及齐步走、转跑步走方式方法。	体操单元能用自我语言进行梳理并描述如何发展机体柔韧能力,以及如何完成单杠引体向上、双杠杠上撑、跳山羊。	田径单元能用自我语言进行梳理并描述如何完成蹲踞式跳远、发展速度、中短距离速度跑。	球类单元能用自我语言进行描述发展球性的更多方法有什么。	考核单元

	下学期	第一单元	第二单元	第三单元	第四单元	第五单元
四年级	体育运动技能目标	能清楚队形变换的基本原则与方法,掌握齐步走、转跑步走技术要领,并能较为熟练使用。	能清楚发展机体柔韧能力的技术动作有什么,完成单杠引体向上、双杠杠上撑、跳山羊的技术要领,并能较好地完成技术动作。	能清楚蹲踞式跳远的技术动作组成以及要领,发展速度的技术方法,中短距离速度跑的技巧,并能较好地运用。	能清楚篮球、足球当中增强球性的训练方法,并能积极主动进行练习。	考核单元
	体育兴趣拓展课程目标	通过开设田径、篮球、足球、高尔夫、帆船、击剑、跆拳道等课程,形成丰富课程体系供兴趣选择,以孩子们培养形成对体育兴趣为主。并开设大量竞赛类课程,满足对运动项目成就感的追求,爱上项目,形成一技之长。				

第三节　成就生命的熠熠生辉

古人云"君子如射",将射箭当作修身的手段,身正心静,神情专注,目标专一,先正己而后发;发而不中,不怨靶子,不怨对手,而是反躬自省,向内归因,这是一种成长性思维,也是一种良好的个人品质。基于"炫体育"的课程哲学与目标,我们设置了一系列课程,挖掘不同的体育项目背后的核心素养,发挥体育学科独特的育人价值,成就生命的熠熠生辉。

一、学科课程结构

《义务教育体育与健康课程标准(2022年版)》指出:课程内容从"基本运动

技能""体能""健康教育""专项运动技能""跨学科主题学习"五个方面提出要求,根据课程目标的四个水平设计相应内容。① 基于对课程标准的解读,我们通过"乐知识""巧技能""强身体""悦身心"四大板块整体建构"炫体育"学科课程群,让生命在运动中闪闪发光。新港小学"炫体育"学科课程群结构如下(见图7-1)。

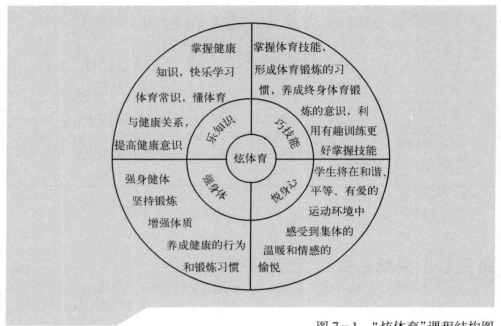

图7-1 "炫体育"课程结构图

新港小学"炫体育"学科课程群结构具体表述如下:

乐知识:它是让儿童能够提高对身体和健康的认识,掌握有关身体健康的知识和科学健身方法,增强自我保健意识;让儿童们能够掌握体育与健康的基本知识。

巧技能:它是让儿童们能够掌握体育与健康运动技能,学会学习体育的基本方法,形成终身锻炼的意识和习惯;儿童们可以根据自己的兴趣爱好和不同需求,选择个

① 中华人民共和国教育部.义务教育体育与健康课程标准(2022年版)[S].北京:北京师范大学出版社,2022:10.

人喜爱的方法参与体育活动,挖掘运动潜能,增强运动欣赏能力,形成积极的余暇生活方式;儿童们可以提高体育运动中的安全防范水平。

强身体:它让儿童们能够强身健体,坚持锻炼,增强体能,促进身体健康;养成健康的行为生活方式。培养儿童们良好的锻炼习惯,从而增强自身的身体运动能力。

悦身心:它让儿童们将在和谐、平等、有爱的运动环境中感受到集体的温暖和情感的愉悦;培养坚强的意志品质;增强自尊心和自信心,形成积极向上、乐观开朗的生活态度;培养良好的体育道德和集体主义、社会主义、爱国主义精神。

上述四部分有机联系,相互补充,共同构建了完整统一的"炫体育"学科课程群,不仅培养学生的健康体魄、运动技能和运动习惯,更是为了培养意志品质、体育精神和健全人格。

二、学科课程设置

在按要求完成体育国家课程内容的学习之外,我校根据"炫体育"理念,发展了独具特色的拓展课程,具体设置如下(见表 7-2)。

表 7-2　"炫体育"课程设置表

课程类别 年级 学期		乐知识		巧技能		强身体		悦身心		
		体育健康知识	体育规则场地知识	田径	球类	柔韧、灵敏、平衡、协调	体能训练	足球文化节	体育文化节	校外竞赛
一年级	上学期	运动之美	运动场地	跑跳投	网球、小足球	横、纵叉、坐位体前屈、灵敏性游戏、韵律活动、舞蹈	弹力操、跳绳	男子足球联赛	田径运动会	区田径运动会
	下学期	体育魅力	运动器材	跑跳投	小足球		弹力操、跳绳	女子足球联赛	跳绳比赛	市、区足球联赛

课程类别 年级 学期		乐知识		巧技能		强身体		悦身心		
		体育健康知识	体育规则场地知识	田径	球类	柔韧、灵敏、平衡、协调	体能训练	足球文化节	体育文化节	校外竞赛
二年级	上学期	跑的种类	网球场地	跑跳投	网球、小足球	横、纵叉、坐位体前屈、仰卧推起成桥、多种灵敏性练习、燕式平衡、韵律活动、舞蹈	弹力操、跳绳	男子足球联赛	田径运动会	区田径运动会
	下学期	跳的种类	羽毛球场地	跑跳投	小足球、羽毛球		弹力操、跳绳	女子足球联赛	网球比赛	市、区足球联赛
三年级	上学期	投的种类	田径场地	跑跳投	足球、乒乓球	横、纵叉完成任务,多种灵敏性练习,如8字跑、绕竿跑,燕式平衡、韵律活动、舞蹈、校园集体舞	弹力操、跳绳	男子足球联赛	田径运动会	区田径运动会、乒乓球比赛
	下学期	小球知识	田径规则	跑跳投	足球、乒乓球		弹力操、跳绳	女子足球联赛	羽毛球比赛	市、区足球联赛、羽毛球赛
四年级	上学期	大球知识	足球规则	跑跳投	足球、篮球	横、纵叉完成任务,多种灵敏性练习、燕式平衡、韵律活动、舞蹈	弹力操、跳绳	男子足球联赛	田径运动会	区田径运动会
	下学期	体能训练知识	篮球规则	跑跳投	足球、篮球		弹力操、跳绳	女子足球联赛	乒乓球比赛	市、区足球联赛、羽毛球赛
五年级	上学期	魅力足球	足球场地	跑跳投	篮球、足球、高尔夫球	后蹬跑、跨步跑、小步跑、连续纵跳摸高、广播操、健美操、舞蹈组合、轻器械操(棍棒操)、校园集体舞、街舞、啦啦操	弹力操、跳绳	男子足球联赛	田径运动会	区田径运动会、跆拳道比赛
	下学期	疯狂篮球	篮球场地	跑跳投	篮球、足球、高尔夫球		弹力操、跳绳	女子足球联赛	跆拳道比赛	市、区足球联赛、羽毛球赛

课程类别 年级学期	乐知识		巧技能		强身体		悦身心		
	体育健康知识	体育规则场地知识	田径	球类	柔韧、灵敏、平衡、协调	体能训练	足球文化节	体育文化节	校外竞赛
六年级 上学期	运动营养	足球裁判	跑跳投	篮球、足球、高尔夫球	后蹬跑、跨步跑、小步跑、连续纵跳摸高，广播操、健美操、舞蹈组合、轻器械操（棍棒操）、校园集体舞、街舞、啦啦操	弹力操、跳绳	男子足球联赛	田径运动会	区田径运动会、击剑比赛
六年级 下学期	运动损伤	篮球裁判	竞技跑跳投	篮球、足球、高尔夫球	弹力操、跳绳	弹力操、跳绳	女子足球联赛	击剑比赛	市、区足球联赛、羽毛球赛

第四节　奔跑在追梦的路上

　　"炫体育"，就是让儿童在日复一日、年复一年的体育练习中，顺应儿童身体发展的本能，研究儿童身体发展的需求，善待儿童们在体育学习中出现的差异，直面儿童发展中存在的真实问题。"炫体育"学科课程群通过建设"炫课堂""炫课程""炫社团""炫节日"等多元化的形式，用丰富的课程形式、灵动的教学模式、多维的教学评价，助力儿童在体育锻炼加强运动参与、增强运动技能、优化身体健康、增强心理健康和社会适应，给予儿童自信和勇气，奔跑在追梦的路上，使之成为茫茫人海中的发光体。

一、建设"炫课堂"，提升体育课程品质

　　"炫课堂"是"炫体育"课程的基本组织形式，主要使儿童们掌握体育与保健基础

知识,基本技术、技能,实现儿童们思想品德教育,提高运动技术水平,同样要求课堂教学的科学化、艺术化。我们认为,"炫课堂"应该呈现出"三色"——红色、绿色和黄色,让儿童们积极向上,活力四射,享受快乐,是精彩的"三色课堂"。

(一)"炫课堂"的实践与操作

红色:让儿童们积极向上。

"炫课堂"不仅有锻炼儿童们身体,增强体质的功能,更有德育的功能。每一节体育课,都应有德育教学的目标,培养儿童们的优秀思想品质,使儿童们树立正确的体育道德观,具有勇敢顽强、团结进取、活泼开朗的精神面貌,从而维护道德规范,遵纪守法。在"炫课堂"的教学中,让儿童们正确面对竞争与合作,是落实德育目标的一个重要方面。儿童们在进行体育项目比赛或者游戏比赛时,难免会有碰撞、跌倒等现象,这时儿童们一般会出现抱怨、争吵、气馁等负面情绪,甚至中途打退堂鼓而不想继续参加了。此时,教师要进行必要的心理辅导,告诉儿童们,竞争中有合作,合作中有竞争,比赛的目的是培养学生集体主义意识、协作进取的精神;在比赛中应发扬风格,友谊第一,比赛第二,要经得起考验,要善于从自身角度寻找原因,多做自我批评。这样才会形成一个团结的集体,这样的集体才会有凝聚力和战斗力。

19世纪法国著名教育家、现代奥林匹克运动创始人顾拜旦在他著名的《体育颂》中写道:"啊!体育,你就是正义,在你身上体现的是社会生活中追求不到的公正合理……"体育教师要培养儿童们积极向上的精神风貌,让体育课堂充满正能量。在"炫课堂"上,儿童们在对抗时不失礼貌,在落后时不缺掌声,胜利时没有自傲,儿童们看重的是互助,是团结,是友谊,课堂气氛和谐融洽。

绿色:让儿童们活力四射。

体育是义务教育的一门重要学科,更加需要体现儿童们的主体作用、能动作用,也就是说,让儿童们积极主动地、兴趣盎然地动起来,体育教学才有效果。"炫课堂"遵循儿童们的心理发展和认知规律,精心设计每一堂课、每一个环节、每一个动作要领,充分调动儿童们的参与意识,让儿童们在课堂上尽情地发挥自己的才能,真诚地表露自己的感情,让体育课堂活跃起来,张力无限。

"炫课堂"在注重体育教学内容的全面性的基础上,还注重个性化教学内容的拓展。如广播操、武术、田径、体操、球类等运动,不仅对儿童们身体各部分的肌肉、骨骼和器官的生长发育有好处,而且对速度、力量、耐力、柔韧性、灵敏度等有重要的促进作用。

黄色：让儿童们享受快乐。

黄色，代表胜利。在"炫课堂"中，胜利并非只代表比赛中的第一名，胜利其实是一种快乐的体验，使人在体育运动项目中感受到愉悦。

德国体育教学法专家海克尔认为一堂好课的标准是这样的：一是出汗，二是笑。从中我们不难看出，唯有充满笑声的体育课，才是真正的好课。

现在有一个很流行的做法，即对中小儿童们进行"快乐体育"的教学。所谓"快乐体育"，即以研究儿童们的情感需要、体育需要、人格需要为出发点，使儿童们把学习动机建立在自身愿望的需求和对社会的责任感上；把身体锻炼中的乐趣和学习中的成功体验作为追求的目标之一；以浓厚的兴趣、顽强的意志、适宜的方法来调节自己的体育学习和锻炼行为，从而使整个教学过程体现快乐、愉悦、和谐气氛的教学理念。

缺乏精心设计和组织的"快乐因子"，儿童们就会百无聊赖，备感煎熬。其实，体育课应该是快乐无限的。体育课不应该为教学而教学，为完成任务而完成任务，应该为儿童们享受自己和享受快乐而教学。

（二）"炫课堂"的评价

1. 学生主体地位

在教学过程中，学生的主体地位是否得到充分体现体育教学的目的是学生的发展，体育教师的角色定位是一名引导者而非主导者。教师的教学目标是否明确、内容安排是否合理、教学组织是否严密、声音是否洪亮有力、哨音吹得是否富有节奏感、讲解是否足够清楚，等等，作为教师做好这些方面是无可非议的，但我们设计课堂必须要正确定位，一名引导者的身份如何才能体现出学生在教学过程中的主体地位，而且能使他们在这节课当中能真正学到知识、学到技能。

2. 体能、运动技能的目标情况

目标是否达成，是否能落实到实践当中。以往的体育课堂教学中，教师十分关注学生的体能和运动技能目标是否达成，从而使这一目标成了体育课堂中的唯一目标。促进学生体能发展的活动，只有服务于一定社会的道德目的意义上，才是一种"教育"。纯粹的健身技能或竞技运动并非名副其实的"体育"。体育课堂教学追求的是对学生的完整教育，绝不仅仅是传授运动知识和运动技能而已。

3. 启发学生做深层次的思考

学生是体育课堂教学的主体，学生的主动参与主要体现在他们能独立思考，独立解决问题的能力,并进行创造性的活动。体育教师在课堂中应善于抓住课堂教学中的亮点,启发学生思考。

4. 促进学生全面发展

体育教学虽然离不开运动技能的教学,但它又不等于技能教学。体育课的真正意义不仅仅是教给学生运动知识和运动技能,更重要的是,通过体育教学,培养学生集体主义的情感,培养学生奋发向上的精神,形成乐观开朗的生活态度等,使学生终身受益。

二、建设"炫课程",丰富体育的内涵

(一)"炫课程"的实践与操作

"炫课程"建设是多元的。我们认为,每一个儿童都是独特的个体,他们有不同的天赋与爱好,丰富炫彩的课程将满足不同儿童的需要。我们希望培养有丰富经历的儿童。因此"炫课程"的建设,希望尽量为他们推开每一扇瞭望世界的窗口,最终目的是让儿童爱上运动并养成终身运动的习惯。

"炫课程"包括足球课、网球课、高尔夫课、武术课、游泳课这五个特色课程,也包括帆船课、击剑课、篮球课、羽毛球课、网球课等社团课程。绿茵场上的绿野仙踪——快乐足球课程,让儿童们感受足球带来的友谊、快乐与阳光;每班每周一节,进阶式课程目标设计,团队建设;不再神秘的高尔夫,让儿童们体验绅士体育的礼仪与魅力;一至三年级全面铺开的网球课程,学基本动作要领,习规则与欣赏,感受网球带来的力量与速度之美;弘扬中国最古老最风靡世界的传统运动——武术,让每一个儿童都时刻以中国文化为荣;每一个新小人都以会游泳为目标,三至六年级开设游泳课。"炫课程"的具体安排如下(见表7-3)。

表7-3 "炫课程"安排表

时　间	地　点	参加人员	课程名称
每班每周一节	足球场	全体儿童	足球课
每班每周一节	足球场、网球场	1-3年级儿童	网球、高尔夫
每班每周一节	游泳池	4-6年级儿童	游泳

（二）"炫课程"的评价

1. 出勤情况

以每节课教师或体育委员的考勤为准,无故缺课每年累计达 10 课时定为体育与健康课成绩不合格;出满勤、不迟到、不缺课、不早退的儿童们得满分。

2. 课堂活动表现

学习态度:喜爱体育活动,积极主动参与体育课外活动。

合作精神:具有集体荣誉感,互相帮助,互相尊重,有良好的合作精神和体育道德。

情意表现:根据体育活动表现出来的自信心和意志力,会动脑、会学习,有创新精神。

3. 技能测试

技能测试是针对我校开展足球课、网球课、高尔夫课、游泳课四个特色课程进行的专门测试,学期末检测,每期至少开展一项内容的教学及测试,上下学期所选择技评内容不能相同。

三、建设"炫社团",发展体育兴趣爱好

"炫社团"是体育学习实践的重要组成部分,是儿童们动手实践、表达交流、展示自我的平台。

（一）"炫社团"的实践与操作

"炫社团"的开展将改善儿童们体育锻炼的方式,让儿童们自主选择学习技能,提供一个共同兴趣的平台交流,使儿童们更加积极主动去学习。

"炫社团"的课程将以选修课的形式进行,充分尊重儿童们的选择权,让儿童们能适当安排自己的课余时间,发挥个人所长。"炫社团"向每一个喜欢体育锻炼的儿童张开怀抱,儿童们可以根据自己的学习兴趣进行报名,在"炫社团"中与一群志同道合的朋友共同进步。气氛热烈,活动丰富。在"炫社团"中,儿童是主人,是一切活动的出发点和落脚点,每个儿童都可以通过学习获得动手实践的机会,进而获得成功体验,营造社团热烈氛围。

"炫社团"固定场地,自主选择。从田径场到体育馆再到网球场、游泳馆。想开设

儿童们感兴趣的社团,就必须充分了解儿童们,然后针对不同儿童提供展示的平台。因此我们选择校园足球场和体育馆作为社团开展的主要场地,为错开教学时间,"炫社团"使用第二课堂时间为每天下午4点。

"炫社团"教练团队来自黄埔区青少年宫、体育俱乐部、爸爸进校园等。开设的社团有篮球、足球、羽毛球、网球、乒乓球、击剑、帆船、围棋、象棋、国际象棋、高尔夫等。由于每个儿童的起点、进度都不一样,教师在设计教学时候要考虑课程实施的进度,先把学习的基本架构和掌握的技能跟儿童们讲解,大家一起学习最基础的知识,待到儿童们学习进度差距较大时,可由教师带动先进,先进带动后进,教师个别指导后进等多种学习形式进行。"炫社团"课程安排如下(见表7-4)。

表7-4 "炫社团"安排表

时　间	地　　点	参加人员	课程名称
周一下午 4:00—5:00	足球场、体育馆、网球场、田径场、舞蹈室	2-6年级	足球、羽毛球、网球
周三下午 4:00—5:00	足球场、体育馆、网球场、田径场、舞蹈室	4-6年级	足球、羽毛球、网球
周五下午 4:00—5:00	足球场、体育馆、网球场、田径场、舞蹈室	5-6年级	足球、羽毛球、网球

(二)"炫社团"评价

"炫社团"拥有着更灵活训练时间和方式,更热烈的氛围和兴趣,引起了越来越多儿童的注意,这无疑在培养儿童兴趣,发挥儿童特长,提高儿童素质等方面发挥着越来越重要的作用。但无规矩不成方圆,无评价不成教学。我们有必要通过一些评价标准来考察"炫社团"的运行情况,以便及时掌握儿童的学习情况,也便于教师及时调整教学方案。"炫社团"评价参照如下标准(见表7-5)。

表 7-5 "炫社团"评价细目表

评价项目	评价要点	评价标准	效果(优秀、良好、一般、较差)
目的内容	1. 目标明确	① 符合时代主题,新颖实用	
	2. 内容丰富	① 通过查看教师相关教案查看内容与主题的贴合度 ② 理论与实践并行	
	3. 深浅适当	① 分量适当、难易适当 ② 循序渐进	
方式方法	1. 组织形式	① 儿童们自愿参加,教师合理安排 ② 具体组织形式得当	
	2. 儿童们活动方法	① 符合儿童们年龄特征 ② 先进带后进,高年级带低年级等多种方法结合	
学习效果	1. 儿童们自主性	① 儿童们自主选择,积极参与	
	2. 儿童们技能的掌握	① 基本掌握技能,养成锻炼习惯 ② 身体素质有提高,敢于挑战 ③ 有团结协作的精神	

四、创建"炫活动",浓郁校园体育氛围

"炫活动"是儿童们在忙碌的学习当中,让儿童们劳逸结合,开展一系列丰富多样的体育活动,譬如,"炫课间""炫游戏""三棋争霸赛""跳绳总动员",是儿童们感受体育比赛气氛、学习体育技能、锻炼自我和展现自我的好机会,提高儿童们对体育的热情,培养校园体育浓郁的气氛,让儿童们感受到体育带来的乐趣、自信、成就感。

（一）“炫活动”的实践与操作

我校“炫课间”有一校一品（足球、武术大课间、拉丁舞大课间），鼓励儿童们积极参与体育锻炼，不断增强身体素质，培养身心健康，学习广泛的体育项目。通过“炫课间”，鼓励儿童们在享受运动的快乐中展现特长，不断超越中培养坚忍的意志和团队精神，全面展现我校儿童们的本色与精英气质。

我校“炫游戏”指“喜迎中秋活动暨中国传统民族游戏节”和“开心过六一活动暨国际游戏节”，让儿童们抒发民族情怀，开拓国际视野，以游戏的形式提高儿童们对文化与体育的认知与了解。

“三棋争霸赛”和“跳绳总动员”在紧张的学习下举办比赛，可以提高同学们的身体素质，激发儿童们的学习兴趣，使同学们在学习之余不忘锻炼身体，并增进同学之间的交流，从而增强班级凝聚力。聘请毕业于新港小学的校友，广东最年轻的象棋大师程宇东为我校象棋荣誉教练。详细安排如下（见表7-6）。

表7-6 “炫活动”安排表

时　　间	活　　动	实　　施
周一至周五	炫课间	足球一校一品、武术大课间、拉丁舞大课间
5月31日 9月12日	炫游戏	“开心过六一活动暨国际游戏节”和“喜迎中秋活动暨中国传统民族游戏节”
12月	“三棋争霸赛”和“跳绳总动员”	“三棋争霸赛”和“跳绳总动员”

（二）“炫活动”的评价

“炫课间”“炫游戏”“三棋争霸赛”和“跳绳总动员”的评比均设一、二、三等奖，分别对应优秀、良好、一般，且在全校范围内进行表彰。

五、创建“炫节日”，传承优良民族体育

（一）“炫节日”的实践与操作

“炫节日”是弘扬学校体育人文精神和营造学校文化氛围的重要内容，是推

动校园文化的有力催化剂。体育活动是体育文化发展的主要载体,是增进健康、增强体质的重要手段。可充分体现体育运动所崇尚的一种公平竞争、团结协作的道德风尚;一种尊重自己、尊重他人、自强不息的道德品质;一种促进相互交流、相互合作的精神,这也正是"炫节日"所要追求的丰富色彩。"炫节日"积极活泼的校园文化氛围,为广大师生搭建展示才华和特长的平台,同时,通过丰富多彩的活动培养儿童们的组织能力,增强全员参与意识,促进儿童们健全的人格和情感价值观的形成,提高儿童们的品德修养,培养具有健全人格的德智体全面发展的儿童。

举办"体育节""足球文化节"是传播"健康第一"观念的最佳载体,是激发师生,亲子体育兴趣的有效手段。"体育节",将体育的感性与文化的理性相结合,融合体育知识、体育游戏、体育表演、体育比赛、体育征文、体育绘画、体育摄影等多种体育相关活动为一体。"足球文化节"以足球比赛为载体,为师生、家长提供一方舞台,教师为班级教练员,家长为班级啦啦队。以公平竞争、团结协作、拼搏进取为宗旨,培养师生的体育道德素养。"亲子运动节"以"健康、快乐、文明"为目标,家校合作,为学校与家庭提供最直接的渠道,提高家长的关注度,增进儿童与家长的交流,更是一种非凡的沟通。"炫节日"详细安排如下(见表7-7)。

表7-7 "炫节日"安排表

时间	年级	节 日	实 施
10月	1-6年级	体育文化节	校运会、体育征文、体育绘画、体育摄影等
3月		足球文化节	足球班级联赛

(二)"炫节日"的评价

"炫节日"的评价体系是"炫节日"能够顺利有序举办的有效保证。要实现"炫节日"活动的有效性、规范性,就需要我们明确切实可行的评价体系。对"炫节日"活动的评价应该秉持公平性、趣味性、竞赛性的原则。"炫节日"具体的评价标准如下(见表7-8)。

表 7－8　"炫节日"评价表

一等奖		二等奖	三等奖
名次	优秀	良好	一般
参与性	优秀	良好	一般
创新性	优秀	良好	一般
趣味性	优秀	良好	一般

目之所及　万物成诗

孩子有一百种语言,一百个想法,一百种倾听、惊奇、爱的方式,一百种歌唱、了解、探索的喜悦。所有的"童言无忌",所有的"信手涂鸦",都值得被温柔以待。

海德格尔曾说:人,应是诗意地栖居在大地上的。诗意,当成为一种生活方式。随着课程建设的逐步深化,我们聚焦学科课程,进行了深入的思考与追问,启动全方位的审美性变革。"宽语文""慧数学""活英语""融科学""美音乐""酷美术""炫体育"七个学科课程群相伴而生。在诗意的课程空间中,校园成为生命成长的旷野,成为走向诗意人生的起点。这一小步一小步的积攒,便是成长路上的诗意与力量,生命自此熠熠生辉。

新港小学的六年时光,孩子们沐浴着旭日的光辉,目之所及,万物成诗:在桃李园牵着一根线条散步,到鹤鸣轩赴一场音乐盛会,闲坐爱晚亭中邂逅十里春风,徜徉若拙轩里天马行空,沉浸岳麓书院和世界换个方式对话,在采薇堂里踏歌而行,置身苯苢园拥抱世界,于呦呦堂中妙语连珠……携一缕清风,染一指花香,在星辉斑斓里放歌,在春光明媚中起舞。校园如诗,课程如诗。

岁月如歌,不负诗意。《审美性变革:学校课程的诗意境界》这本书,记录着我们课程审美性变革的足迹,是一段旅程的定格,更是一段新征程的开启。在这里,再次向参与课程开发和实施的老师致敬,特别感谢上海市教育科学研究院杨四耕教授。杨教授深入浅出谈课程,高屋建瓴明思路,字字珠玑,句句殷切,为新小课程的诗意之路指点迷津。时光飞逝,疫情不期而至,一期一会的新小之约却从未缺席,杨教授始终用他的专业与细致,引领着我们追梦的方向。同时,这本书还凝聚着温丽珍、程雄芳、李金胜三位校长及一众编委、各科组成员的心血。也正因此,课程"研"途一路壮歌,一路诗意。

这诗意,如阵阵和煦的春风,吹遍了新港小学的每个角落;如缕缕明媚的春光,照亮了新小师生前进的方向。诗意远方,百步不止。新小人徜徉在课程与诗意之中,静听风吟,笑待花开,追寻共同的教育理想:旭日东升,逐日行远。目之所及,万物成诗。